杨东标 著

柔石二十章

宁波出版社
NINGBO PUBLISHING HOUSE

图书在版编目(CIP)数据

柔石二十章 / 杨东标著. -- 宁波：宁波出版社，2022.9

ISBN 978-7-5526-4695-5

Ⅰ.①柔… Ⅱ.①杨… Ⅲ.①散文集—中国—当代 Ⅳ.① I267

中国版本图书馆 CIP 数据核字（2022）第 156956 号

柔石二十章
ROUSHI ERSHI ZHANG

杨东标　著

出版发行	宁波出版社
	（宁波市甬江大道 1 号宁波书城 8 号楼 6 楼　315040）
责任编辑	苗梁婕
责任校对	陈　钰
装帧设计	金字斋
印　　刷	宁波白云印刷有限公司
开　　本	710 毫米 × 1000 毫米　1/16
印　　张	19.5
字　　数	190 千
版　　次	2022 年 9 月第 1 版
印　　次	2022 年 9 月第 1 次印刷
标准书号	ISBN 978-7-5526-4695-5
定　　价	68.00 元

如发现缺页或倒装，影响阅读，请与印刷厂联系，电话：0574-83875165

（版权所有　翻印必究）

记起他们,再说他们
——序杨东标《柔石二十章》

◎ 黄 源

柔石离我们而去已经70周年了。1931年2月7日深夜,他和他的战友们被国民党反动派秘密枪杀于上海龙华荒场。鲁迅先生闻讯后彻夜不寐,满怀悲愤,写下了那首著名的千古绝唱《无题·惯于长夜过春时》。后来,又写下了《为了忘却的记念》一文,感到"我失掉了很好的朋友,中国失掉了很好的青年"。文章结束时说:"夜正长,路也正长,我不如忘却,不说的好罢。但我知道,即使不是我,将来总会有记起他们,再说他们的时候的。……"

鲁迅先生的预见应验了。解放以后,我们一直记着柔石他们,说着柔石他们。20世纪30年代的鲁迅,处在黑暗的长夜,四周是白色恐怖,他只能用"不如忘却"那样的反话来表达自己的情绪,而现在,我们不仅不会忘记烈士们当年的英勇事迹,还可以告慰他们的在天之灵,当年他们为之奋斗的理想已经实现,今天的中国已经是繁荣富强的新中国了。今年9月28日是柔石诞辰100周年的日子,他的家乡宁海,将隆重纪念这位英才早逝的优秀儿女,许多作家、学者,都在撰写各种形式的文章。我感到很欣慰。杨东标撰写的《柔石二十章》就是其中的一部。

我曾经读过杨东标撰写的传记文学《柔石传》,那是1984年的事。那一年我去宁波参加宁波市文联的一个会议,杨东标送给我一本《清明》,上面发表了他的《柔石传》文章,看了以后,我感到他写得很生动,很有文采,也很有感情。为柔石写中篇文学传记,他是第一个。我在会上,向宁波的作家作了推荐和肯定。现在,他又写出了新的著作《柔石二十章》。

《柔石二十章》是以柔石的生平为线索,用散文随笔的形式,表达了作者对革命前辈的敬仰和怀念。这种手法具有新的创意。这种主题性的随笔,有别于传记文学,分则单独成篇,合则比较完整地记叙了柔石的一生,从中还生发出对当代社会现象的思考,我觉得是很有意义的。我读了其中的几篇文章,觉得写得不错,有一定的深度,无论是从纪念柔石的意义,还是从繁荣散文创作的角度来说,都是值得肯定的。我觉得比他当年的《柔石传》有了进一步的提高。

我与柔石没有谋过面。1929年,我留学日本返国后,在上海从事外国文学翻译和编辑工作。1931年我为上海新生命书店编辑"世界新文艺名著译丛",而他却为革命英勇献身了。作为同是浙江人,同在上海从事过文艺工作,又都曾受益于鲁迅先生的教诲,我与他未能见面是遗憾的;但是,我很尊敬他,他未竟的事业,我是为之努力奋斗着的,我有机会在鲁迅先生的身旁,可以说我是继承柔石为鲁迅先生服务的。鲁迅先生对我的教诲和帮助同样使我永生难忘。这一些,我都写在《忆念鲁迅先生》《在鲁迅身边》《鲁迅书简追忆》等回忆文章里了。

我祝贺《柔石二十章》一书的出版,并希望作者能写出更好的文章来。

2002年3月1日于浙江医院

目录

关于《柔石传》及其他 ·················· 001

千秋灵气出名儒
　　——柔石的故乡宁海 ············ 017

再说柔石与故乡 ······················ 034

柔石取名 ···························· 046

半新半旧,欲离难离
　　——也说柔石的婚姻 ············ 051

不做自己不愿之事 ···················· 064

慈湖之访 ···························· 080

苦闷的北京城 ························ 090

为未来而战
　　——读柔石诗《战!》 ············ 100

柔石做官 ···························· 106

初结朝花社
　　——柔石与鲁迅之一 ············ 115

左联杂谈
　　——柔石与鲁迅之二 ········· 128

《二月》漫谈
　　——兼说电影《早春二月》 ········· 145

话说典妻
　　——有关《为奴隶的母亲》 ········· 156

人生情爱之大义
　　——柔石与冯铿 ········· 168

柔石与一个十六岁的少年 ········· 186

眷眷之心，拳拳之心
　　——柔石与他的母亲 ········· 194

龙华桃花 ········· 203

千古绝唱：《为了忘却的记念》
　　——柔石与鲁迅之三 ········· 220

作家的柔石 ········· 247

附　录

在柔软和坚实中歌唱
　　——读《柔石二十章》 ········· 王旭烽　262

秋水文章，史传笔法
　　——读《柔石二十章》 ········· 徐季子　266

三十年华
　　——评杨东标《柔石二十章》 ········· 艾　伟　269

在传记和散文之间
　　——读杨东标《柔石二十章》 ········· 赵柏田　272

永不忘却的纪念
　　——评杨东标《柔石二十章》………… 龙彼德　274
杨东标的激情：柔石何以成为英雄………… 梁旭东　277
一百二十年前出生的人重回我们中间
　　——《柔石二十章》的重说与重构… 茹　文　283
从《柔石传》到《柔石二十章》
　　——浅谈杨东标和他的柔石研究… 范志强　289

后　记 ……………………………………………298
永远的柔石
　　——《柔石二十章》再版后记………………300

关于《柔石传》及其他

一

我决定写传记文学《柔石传》的时候,对传记文学这一文学体裁知之甚少,只是跟着感觉走。以为既是传记,必须真实;既为文学,该有一些文采辞情。除此之外,真的什么都不懂了。

那时候,我在家乡宁海工作,在一个县剧团里当编剧,写作时间还算是充裕的。不像现在,琐碎的事务工作、各类会议,忙得有时连双休日也逮不着。

但要写柔石的传记,也难,你掌握柔石的情况有多少?那时候,柔石对我而言是朦胧的,有如天边一轮带晕的月亮。虽然他是我们宁海人,虽然我已经看过根据他的作品改编的电影和戏剧《早春二月》《为奴隶的母亲》,虽然,还有一座故居,是我从小读书必得经过的一座老式院子,此外,还有什么呢?好像真的是没有了。

所以我必须要从熟悉、研究我的这位家乡前贤开始,包括柔石的生平,柔石的著作,柔石的思想轨迹,以至柔石生活着的那个时代。现在,要看到有关柔石的什么资料已经不是太难,《柔石选集》出版了又增订出版;《柔石日记》几乎发表了柔石生前保存下来的所有日记和信件;《柔石年谱》有好几种,后来王艾村的那一本,该是比较完整和翔实的一本;回忆录则越来越多,一些与柔石曾经共事过的老同志、亲朋好友,都有认真的记忆和回想,当年在"左"的阴影下不能说话的一些人,现在终于也能开口了,比如吴文钦;还有,涉及柔石那个时代的一些背景材料,如五四运动在"浙一师",宁海亭旁起义,"左联"的成立以及冯雪峰、潘汉年的不幸生涯等等,都被客观公正地公布于世,回忆越来越具体,研究越来越深入,为后人撰写柔石方面的文章提供了很好的基础。

而那时候,没有,至少很少有。我构想写作《柔石传》的时候,是1978年,粉碎"四人帮"后不久。

我只能从头开始,这是一条不算充满荆棘但也是坎坷而漫长的路。不少朋友对我说:你这又何苦呢?还不如写剧本小说什么的来得爽快。要花的精力实在太大了。

然而,我乐于,甘于。想着烈士才30岁,血染龙华,英才早逝,心中总有一股滚烫的东西在滚动。后来我写过一首诗:"长忆当年风雨声,龙华碧血染群英。早春二月今又是,千古风标照后人。"当是这种心情的抒发。

20多年前的我,还算年轻。我走进了浙江图书馆、上海图书馆、上海作协图书馆,借到了《旧时代之死》《疯人》《三姊妹》等柔石早期的作品,一边埋头阅读,一边艰苦地抄写,抄写序言、后记、重要章节以及版权页——那时候,没有复印机,没有电脑,出差的机会也

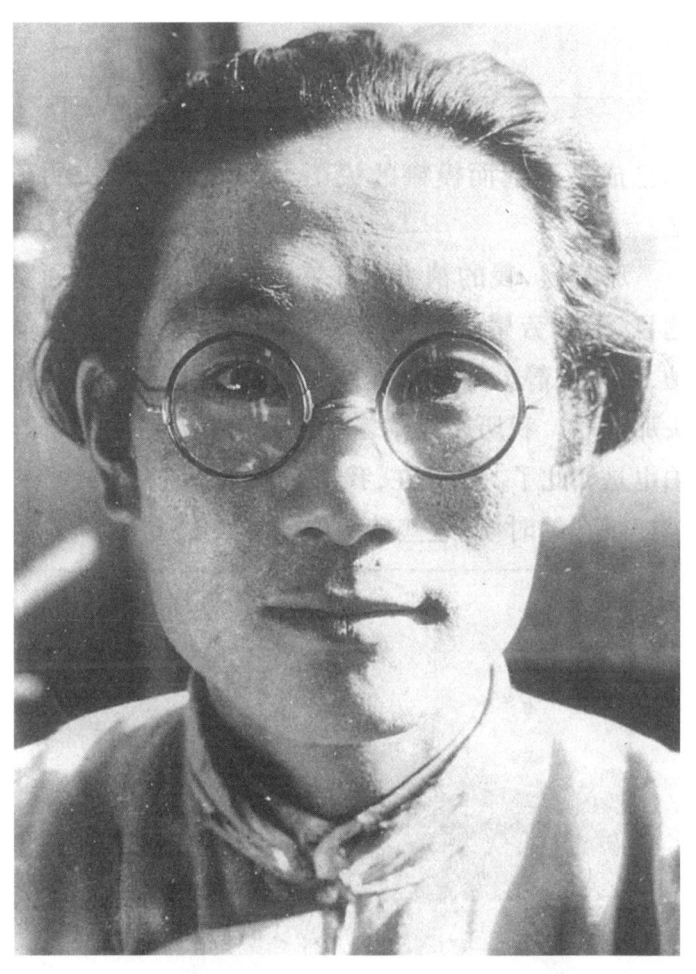

鲁迅先生说：他的家乡，是台州的宁海，这只要一看他那台州式的硬气就知道，而且颇有点迂，有时会令我忽而想到方孝孺，觉得好像也有些这模样的。……我有时谈到人会怎样的骗人，怎样的卖友，怎样的吮血，他就前额亮晶晶的，惊疑地圆睁了近视的眼睛，抗议道，"会这样的么？——不至于此罢？……"

——这就是鲁迅笔下的柔石。

少。一切有关柔石的资料，连同鲁迅的，"左联"的，都圈进我的视野之内。我查阅20世纪30年代初上海的《申报》，那些五花八门的新闻消息，使我仿佛闻到了柔石的生存气息。我翻到了1931年2月7日的那张报纸，这是柔石等24位烈士遇难的日子，报纸上当然没有任何的蛛丝马迹，但是，那一天的上海气象预报说，这是38年来最冷的日子，连日下着阴沉而浓密的大雪。

那时候，县里保管着一些（其实也不多）有关柔石的资料——如日记、信件之类——的人，不肯把这些宝贵的材料借给我看，我至今都弄不明白这是什么原因。垄断？防范？保密？抑或是其他？反正现在都已成为遥远而模糊的说不上愉快或不愉快的记忆。

那时候，我的精力很旺盛，抄写起来，常常通宵达旦，不知劳累。我那充作书房的小楼，很小，很简陋，却

柔石故居。许广平题匾。1989年，浙江省人民政府公布为省级重点文物保护单位。

柔石故居内正厅堂中的柔石塑像。茅盾题匾。

很安静。断断续续抄写下来，材料竟有几块砖头那样厚。我历来相信笨鸟先飞、勤能补拙，我自己怕也是如此了。到现在，我用另一种文体和方式再次描述柔石的时候，这些砖头似的材料竟还在，只是纸张都又脆又黄了。

我开始寻访柔石当年的同辈人，柔石的朋友、学生、同事、亲戚。那时候真的还有不少人活着。而今天，我当年采访过的长者，大多已离开了人间。我去三门，找到了当年宁海中学的教师俞岳和鲍善；我去宁波，找到了柔石的儿子赵德鲲，却没碰上赵帝江；我去杭州，除了请教郑择魁、盛钟健，还拜访了林淡秋；我到上海，找到了柔石研究专家丁景唐；又到北京，寻访了方惠文、张明养、娄舜音等人；还有，我采访了住在我家附近的可谓近在咫尺的吴文钦、胡孝心、潘以治等老人；还有，山东一位研究鲁迅的老师，叫包子衍，由于路远不便，我开始与他通信……

这一切，如今回忆起来，都是很温暖的。仿佛是一盏盏灯火，在我眼前闪亮，为我这个后辈在朦胧的摸索中，增加了许多光亮和勇气。所以，我愿意再多说几句。

二

去三门找俞岳和鲍善，是 1978 年 9 月 10 日的事，俞岳住在一个叫悬渚的小村里。年事已高且记忆不好的俞岳先生，回忆当年的往事似乎有些吃力，滞滞呆呆、零零碎碎地与我扯。他说宁海中学的办学经过，说柔石给他的印象，说亭旁起义的一些感受。亭旁起义失败后，首先被抓的是镇上的剃头师傅阿毛，接着宁海中学风声顿紧，他叫他的弟弟俞文龙（在学校里教英文的）赶快通知柔石逃走。柔石几经转折到了他的老家蛇蟠（这是三门湾上一个小小的海岛，据说风景很美，我一直想去一次，体验一下柔石当年走过的路径而终于未能），住了三夜。柔石向他借了一些钱，去了上海。后来俞岳自己也逃了，转道石浦时，被反动派抓往杭州。在监狱里，他熬不住大刑招供了，但又用银子洋钿买通牢头，赶往宁海报讯，通知有关人员赶快逃走。结果他被判了 12 年的刑。

鲍善先生比俞岳清醒，他 20 世纪 50 年代在宁海

柔石的书房。推开窗户,可见城南跃龙山上灵秀的文峰塔。柔石当年执教于宁海中学,课余在此撰写长篇小说《旧时代之死》。桌椅书橱依然,斯人安在?

中学教书,是我的语文老师,因此我对他执弟子礼。这是一位写起字来一点一画,教起书来一字一句的老先生,为人敦厚,学识饱满,他没有与柔石共过事,却知道柔石的一些情况,于是告诉我宁海中学当时如何创办,1926年的下半年,宁海的绅士遗老们又是如何在县里状告学校,南兵与北兵又如何地打仗(大概是指"苏浙之战"吧),学校又如何地搬来搬去,老师们对柔石的印象又是如何,等等。

两位老前辈告诉我,娄舜音当年与柔石很要好,可算是柔石的学生与朋友,让我去北京找她,并告诉我方惠文在北京的地址。

通过方惠文,找到娄舜音大约是1978年的年底。

忘了参加一个什么会议到北京。这样的机会在当时对于我是不多的。

娄舜音住在外交学院内的宿舍里,叫灰楼。楼的颜色是深铁灰的,我的印象很深。后来我在北京读书时又去了几次,是另外的事了。她的丈夫张明养,时任外交部一个研究所的负责人,他们一直住在那里,直至先后离开人世。老一辈的俭朴生活让我们年轻的人一想起来就顿生敬意。从方惠文那里转到娄舜音那里,天色已经不早,娄老热情地接待了我,邀我吃晚饭。我一见到娄老忽然想到了《二月》里的陶岚,其实这是不能随意牵扯的,但娄老确实风度很好,都已七十几岁的人了,满头银发,一脸清秀,白皙的皮肤似乎透着涵养。料想当年,柔石照应她在上海读书时,该是很有青春风采的。

我们就一边吃饭,一边聊,她称柔石为"赵柔石"。当年她也曾在宁海中学读书,后来出走至上海泉漳中学读书,暑假时间,她来景云里看望柔石和王育和,柔石很关照她,让她在景云里住宿、"吃包饭",度暑消夏,温习功课。一批流落在上海的宁海籍的进步青年,又开始了密切的联络和结集。这其中,娄舜音做了很多的工作……她的话语清新、凉爽、多汁,就像一片叶子。

去杭州的机会比较多,我常常去参加各种类型的创作会议。但要与林淡秋约谈也不容易。1979年的他已经恢复职务,担任着浙江省委宣传部副部长兼省文联党组书记,工作是很忙的。在友人的引荐下,我于

12月15日去杭州延安饭店拜访他。他那时正在参加省人代会,晚上他没有去看电影。他的那篇著名散文《忆柔石》写得何等好啊,辞情并茂,文采斐然,是可以让我们读一辈子的,而现在,我是当面聆听他的教诲。

林淡秋那一天的精神很好,清瘦,矍铄,平易,随和。三门口音仍然浓重。他告诉我,创办宁海中学,他和俞岳都是创办者之一,先是"消夏社",有好几个人,柔石是没有参加的。当时的县长叫知事,宁海的知事是李涑。1926年,李涑在宁海主政。他是清朝举人,崇拜章一山。创办者之一的蒋如琮便请章写信给李涑,李涑支持办了宁海中学。但办起来后,学校里的革命色彩很浓,李涑又紧张了,写信告诉章一山。结果后来学校与李涑闹得很厉害。柔石那时候没有参加什么党派,不十分激进,但也不十分落后,孤零零的一个人,清高,稍有点骄傲,但有学问。亭旁起义柔石没有参加,宁中的教师包定是具体负责的。包定这个人,贫农出身,小学毕业,诗词却写得很好,很聪明,一身诗人气质,因此容易冲动,整日嘻嘻哈哈的,不拘小节。后来他在杭州松木场被国民党枪杀了。农民暴动,成百人不及反动派的一排枪啊。

在上海,他们参加了"左联"。柔石,布置他一些任务,如编印地下刊物,从印刷厂拿出来,装订、送发。有时坐在黄包车上,有时在电车里,散发着传单,还有刊物。那时候也写标语,用海绵浸墨汁,有人望风,写了就跑。

"我把月薪放在他这里,有一千多元,我是准备到日本去的,然而,柔石穷困,全部用了。他临死时,身上穿的那件大衣还是我的,我到南洋去就把大衣放在他这里,他穿了。"林老说。

"冯铿长得不好看,但追求柔石,崇拜柔石,柔石是有家庭的。冯是个热情奔放,具有浪漫色彩的人物,追求个性解放,蔑视旧礼教。后来,他们同居了,冯要他写长篇小说,她情愿服侍他。那天我去看他们,在静安寺附近的一个小房间里,她正在帮柔石洗脚。柔石回家探亲,回上海迟了,冯铿问他为什么迟来。他对我说,你看,我回家都不自由了……"

说到这里,林老幽默地笑了。

1980年前后,健在于世又对柔石有较多了解的,当数吴文钦。吴文钦系柔石夫人吴素瑛的堂弟,柔石与他是姐夫郎舅,且吴文钦读过书,长期从事教育事业,与柔石交往也颇多。忆昔年,兄弟般的情谊是好的。柔石婚后不久去岳母家东溪,有小阿弟吴文钦、吴石广陪同他游山玩水,柔石去普迪小学教书是吴文钦作的介绍,亦曾托吴文钦为之代印代销处女作《疯人》,两人又曾在宁海中学共事。柔石去上海后,两人还见过面。同乡、亲戚、共事多种关系交织,他不"知情"谁知情?

我与吴文钦先生住得很近,同属城关镇里的中南村,可算邻居了。我家居城中,地势较高,而吴先生的家则要穿过一个"落塘道地",地势稍低。

隐约中认识他是在我少年的时候，我读初中，才十三四岁，那是20世纪50年代的末期。寒假期间，居委会把中小学生们组织起来，成立"呼喊队"穿巷走户，拿着洋铁皮做的喇叭，高喊什么"安全防火""火烛小心"之类的口号，当然也有政治性的。我的一组里，也有吴先生的女儿，名叫榴儿。榴儿个子高挑，面容姣好，是大我几级的同学。就这样，晚饭之后，我们成群结队，兴奋地在小巷里穿来穿去，充溢着少年的乐趣。

有一天，我们走进了榴儿的家。这是一个很小的院子，三间平房，几近破旧，房内昏暗，阴冷。榴儿的爸爸吴先生正在忙着什么。我一抬头，只见壁上挂着一幅中年女人的照片，四周框着黑纱，照片的下方，写着端正的毛笔字，是一首悼念亡妻的诗。我那时年少，却看得懂这些文字，知道这逝者就是榴儿的母亲了。怪不得房内这样的阴冷。其实，吴先生的内心还有更阴冷的东西，那时候我不知，后来是听说了，他由于解放前的什么政治历史问题，已被解除教籍戴上帽子，从台州遣送回家。这道阴冷的光一直笼罩在这户家庭里。"文革"期间，村子里召集一些"黑五类"去扫地，榴儿的爸爸当然也在其中。每见他佝偻的身影，想起我的少年时所见，心中恻然。

这种恻然之心一起延续到为撰写《柔石传》而去采访他的时刻。那已是1978年的12月27日，这是我第一次对他的访问。一直以来，我竟然不知道他是柔石的妻舅。

我们开始说柔石,冬阳暖暖地洒在他的小院子里,昔年那种阴冷感似乎有所减退。他抱着他的3岁的小外孙,这是榴儿的孩子。他开始一件一件地回忆,我则一笔一笔地记着。他从柔石因体质太差到10岁(虚岁)才读书说起,说如何去考师范,说"浙一师"的斗争风云;说回乡来,如何为童泽欧的父亲结婚时写了一幅屏;说柔石的婚姻,是董竹溪的父亲董六斋做的媒,她堂姐吴素瑛是用花轿从东溪抬来的;又说到吴素瑛的为人,勤劳、善良,后来柔石牺牲了,日子过得很艰苦,日本人打进来,她逃难到了娘家,吴文钦送给她一二百斤谷,她念念不忘,一定要将一条红缎被面送给吴文钦的妻子;说柔石如何为自己的子女取名字,如何孝敬父母;说夫妻之间的和谐和龃龉;说在普迪小学教书,如何与反动校长林黎叔反目;说在宁海当教育局局长时如何地不肯收礼,将人家送来的火腿拒之门外;说到了上海后如何受到鲁迅的关照……与吴文钦先生相约聚谈,有五六次之多,从我现在保留的记录本子来看,有的署了日期,有的没有日期,最迟的那一次是在1979年的11月21日。这一次印象很深,是因为他到我家里来聚谈。吃了晚饭,天未黑,他来到我的小楼。谈到8点左右,其实并不晚,正在兴头上,只听见榴儿在楼下天井里喊她的爸爸——她是来接他回去了。我说,还早呢。他说,榴儿是不放心我,怕我太累。我送下楼来。榴儿细心地搀扶着他的爸爸回去了,给我个父女相依为命的背影。我忽然想起了一首诗,这是《诗经》上最悲哀的一首诗,诗云:"死生契阔,与子成说,执子之手,与子偕老。"(《邶风·击鼓》)原诗说的是夫妻的那种至情至爱、生死相依,而此刻,对于吴先生父女,我仿佛觉得也很合适似的。

后来,我的中篇传记文学写出来了,我把发表的刊物给他送了去。他很高兴,说了很多鼓励的话。但是,最高兴的事还在后面。那一天,我在县文化馆碰到了他,他常常来图书室借书。他告诉我,他的政治问题已经解决了,不知是摘帽,还是平反,我没听清楚,反正他是一脸的激动和高兴。他说,他要把关于柔石的回忆写出来。昔日的阴冷之气终于一扫而尽了。

我真为他高兴。

可是不久,好像我去北京读书了,传来了消息,他的心爱女儿,相依为命、相濡以沫的女儿榴儿,不幸得病死了。我惊呆了。得的什么病,竟如此遽然?我真不能想象此刻的吴文钦先生是何等的悲痛,他该如何去承受这般沉重的打击?种种不幸,政治的,家庭的,少年丧父,中年丧妻,老年丧子,人生三大不幸都让他领受到了,他该如何活下去?他比柔石活得长,幸耶?不幸耶?

不久,他也走了。其时我已调往宁波,得到消息已迟,没能为他去送一程。死者长已矣,不知那座小院如今还在否?

我尽量简约篇幅还是嫌长地写了一个充满悲伤的故事,不仅仅是对吴文钦先生给予我写作《柔石传》

之帮助的感谢,更是为他,一个普通的人,一个获得新生的老人,一生都背负的坎坷和沉重而唏嘘感叹不已。——对不起了,读我文章的朋友!

在写作《柔石传》的过程中,我还要说说另一件事,或者说另一个人——包子衍。这个故事,这个人物也有一些独特的色彩。

1979年8月第四辑《新文学史料》上,刊有醒目的一组关于鲁迅研究的文章,那就是冯雪峰致包子衍的30余封信,以及包子衍写的回忆文章《永不消褪的记忆——记雪峰同志一束遗信的来历》。信中解答了包子衍对鲁迅研究中的各种提问,其中好多是涉及"左联"成立前后及柔石的,而包子衍的文章则满怀深情回忆了当时与冯雪峰的通信经过。

包子衍是山东济南一所中学里的教师,业余时间致力于鲁迅日记的研究,碰到了一些困难。在别人的建议下,他写信求教冯雪峰同志。

那是1974年的春节之前。这是怎样的一个年代呀,而冯雪峰又是怎样"定性"的一个人?包子衍犹疑再三,终于鼓足勇气,不畏"危险"与"麻烦",毅然给远在北京的冯雪峰写了求教的信。冯非常支持他的研究,尽力为他解答问题。这又是为什么呢?冯雪峰处境艰难,他又图什么?包子衍后来这么说。一来一往,信逾30余封,字逾数万。若不是民间总有追求学问追求真理的人在,历史长河中会留下一些很有价值然而却带有偶然性的珍贵资料吗?包子衍后来去北京看望冯雪峰,当他看到冯雪峰的一头白发恰如一座雪峰,满身枯瘦又如树枝时,不禁心生波澜,隐约有泪。离别的时候,细雨蒙蒙,冯雪峰送他到电车站,他们相约在春光明媚的时候再见面,却不料竟成永诀。1976年1月31日,冯雪峰长逝于北京。

多少年来,每当我读到这样一些动人的文章,神思常常飘忽起来,种种心绪超越了学问领域,而为人间的至真至爱所叩动。人世间总有许多遗憾的事,如冯雪峰,如潘汉年,又如巴人,他们都未能活到重见阳光的时候,唯其如此,更让人觉得社会的深刻和历史的分量。

我决定给包子衍写信,同样,我与他也是素昧平生,互不相识,我向他求教鲁迅和柔石交往中的有关疑问。他来信一一作答。一来一往,亦有数次。他那做学问式的小方块似的文字,一直端正在我的记忆里。1980年7月24日,他将他的新著《〈鲁迅日记〉札记》寄赠给我;翌年7月,我亦将我的拙作《柔石传》回寄给了他,谁知,半月之后,书刊竟原件退了回来,他没有收到。是地址发生了差错?是他变动了工作?抑或他因?从此我们没有了联系,也不知他今夕何在。

1980年是我伏案写作《柔石传》的一年。当然,这也是业余的事,其时,我还要完成剧团编剧的任务。我蛰伏在我家乡旧居的一间小楼里,寒来暑往,枯坐案前。夏天暑溽煎人,夜半的蚊子靠我手中的蒲扇驱赶;冬夜严寒逼身,朝北的窗缝里总有凛冽的北风钻进来,唯一驱寒的办法是灌一个盐水瓶以取暖。这样的日子,后来都不曾有了,生活条件越来越好,但是,文学作品是在好条件中泡出来的吗?

我不敢谈自己的《柔石传》,很愧惶。如今看来,真是浅薄而稚嫩,以讹传讹处也多。但一想到当时在那样艰苦的条件下,得到了诸多师长朋友的支持和关心,终于完成了这项任务,欣慰之情油然而生倒是真实的。感叹而遗憾的是许多长者为我提供的好材料,我竟然没有用进去,这只能归咎于我对传记文学驾驭能力之微弱了。当然还有"左"的束缚与影响。

稿子写成以后,我投寄给创刊不久的《江南》,《江南》没有消息。三个月后,我又投给了《清明》。《清明》的责编张禹先生与我素昧平生,至今未曾晤面,他愿意发,并提出很好的意见,嘱我赶紧修改一次寄出。不久就见刊了(1981年的第3期)。我深知,在新办的《江南》上发一个中篇是多么的不易。我仅仅是感谢《清明》而已。同时,也感谢后来的漓江出版社将它收在《传记文学选》中。

现在,当我忆起20余年前这些细碎的往事,心中还充满着春阳一般的温暖,我才敢不厌其烦、不厌其长地绕来绕去绕个不尽。借此机会,表示一下我的感激和追思吧。他们中的好几位,都已作古了。写作是艰苦的,又是欢乐的。想起现在的社会是如此的喧嚣且功利,我真怀念当年的纯真呢。

千秋灵气出名儒——柔石的故乡宁海

一

清光绪二十八年（壬寅）八月二十七日，柔石降生。这一天恰是孔子的诞辰，充满着文气。柔石呱呱落地时发出的好听的哭声，正好与城南孔庙里响起的祭孔的钟声相呼应相交织。按公元算，这是1902年9月28日。

柔石后来说，他的生日是不容易忘记的，十数年来，每当学校里"举行孔子底圣诞的祀礼时，他总在热闹里面舞跳着，暗地里纪念他自己底生辰"（自传体作品《生日》）。

小柔石懵懂地睁开双眼，眼前是混沌初开的世界。这是怎样的一个世界呢？襁褓中的柔石是看不懂的。后来母亲告诉他："——在那时，外祖母得到消息，立刻拍手叫我'归山虎'，因这年是寅年。又叫我是'熟年儿郎'，因她正在打稻的时候，禾黍丰登，满田野都是黄金色的佳穗。我四周的人们，个个为我快乐。……天空有五彩绚烂的云霞拥护着屋顶；数十头喜鹊不住地在我家屋檐上叫而且跳；父亲拿些檀香在香炉里烧烧，香味也异常透人鼻髓。个个脸上底笑纹，个个口里底祝福——将从我带来许多美丽到人间。"(《生日》)襁褓中的柔石不会知道,透过这重喜气,在中国大地上,在宁海这块土地上,正发生着一些什么样的大事。

那时候,也算得上世纪之初,但是却没有一丝希望的曙光。外强入侵,清廷腐败昏聩,软弱无能,为了支付《辛丑条约》的"庚子赔款",加紧向全国人民盘剥搜刮,光浙江省每年就得上缴赔款564000两。而浙江巡抚衙门则通过地方县衙层层向百姓盘剥,到处是横征暴敛,苛捐杂税。地处浙东沿海而偏僻落后的宁海,同样逃脱不了这些苦难。

翌年秋天,柔石一周岁的时候,宁海发生了一件惊天动地的大事,这就是震惊中外的王锡桐"造反"事件。

王锡桐是宁海北乡大里村的一个秀才,他本可以在家乡教教书,喝喝酒,编编《缑北正气集》之类的文集,过安闲的日子。然而日子不让他安闲,天主教徒依仗国外主子的势力,霸田地,骂祖宗,敲诈勒索,侮辱妇女,什么坏事都可以做得出来,这就激怒了这个爱打抱不平的莽秀才。

"何夷人猖獗若是,吾辈读经何用?"他愤然掷笔!

一场大规模的冲突不可避免地到来。王锡桐忍无可忍,终于率众造反,打进城去,要活捉那个作恶多端的神父朱国光,将他剖肚挖心。官府慑于众势,假装抵挡一番,便让一万余众冲进城来。

这天宁海城里空前热闹,满街满巷都是造反的农民,龙刀龙枪,人潮汹涌。老百姓是心中解气,有夹杂

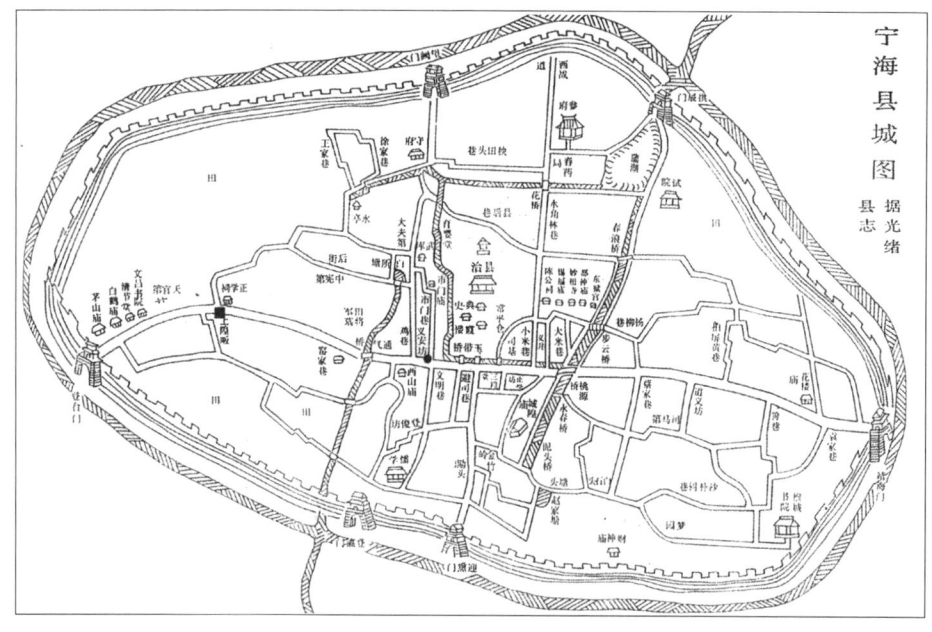

其内的，有看热闹的，当然也有胆小躲在家里的。这一天，柔石一家在做什么？他们肯定感受到了这一非同寻常的气浪。襁褓里的柔石还不懂得人间的热闹，但是命运却把他的出生安置在这么一个刚性的、烈火般的环境里。后来这个环境和这场斗争被巴人的长篇小说《莽秀才造反记》描写得如火如荼，惟妙惟肖。只要你一打开书页，一百年前的风烟便扑面而来。

巴人先生是这样描写宁海的："小小的县份，地形有如螃蟹的大螯，它好像是天台山一条支脉，崩倒在大海边口，形成半片平原地带。""是山陆与海洋接合之所。这特殊的自然条件，培育出这小县份人民一种特殊的性格。他们在狂波巨浪中，学得了狂放与勇猛；他们在丛林与巉岩中，学得了坚韧与挺拔。"这就是宁海和宁海人。

光绪二十八年八月二十七日（即1902年9月28日），柔石出生在这张地图所绘制的县城里。对于如今健在的一些老人来说，图内的那些地名并不陌生。一百年来，这个县城发生了翻天覆地的变化，区域早已拓宽，旧迹很难寻找，物也非了人也非了，人们按图索"地"，笑语盈盈里一片沧桑。

（■为柔石故居，●为市门头赵源泉咸货店。这两处是笔者在图上注的。）

巴人是奉化大堰人，大堰与宁海的大里正好相隔一座山脉。巴人比柔石早出生一年，当属同代人。大里与大堰，王锡桐与王任叔（巴人），一座古老而雄浑的大山，把他们有缘地串联在一起。巴人从小听惯了王锡桐造反的故事，后来才有苍茫如云海般的长篇；他是地道的浙东人，才能塑造出浙东人那种山海交汇的品格。而且他自己的命运就是一部摧人肝肠的长篇小说。还有一些巧事是，王锡桐当年进军宁海城关路过回浦乡时，与他有同科之谊的乡董潘秉璋（当代艺术大师潘天寿之父）为王锡桐设宴30席接风，地方上传为佳话。潘天寿时年六七岁，该是初识人间了。而后来潘又成了柔石在"浙一师"的校友，高出三届，两人十分挚好。历史就这样把这些精英们千丝万缕地牵扯在一起，成了浙东人民的骄傲。他们这种硬骨头的品格是不是这方水土孕育的必然结果？而且必然注定了他们命运的多舛和苦难？后人不能不发出悲怆的感叹：浙东的那些书生啊，一个个真如关汉卿说的，都是"蒸不烂、煮不熟、捶不扁、炒不爆，响珰珰的一粒铜豌豆！"

二

说到这里，就要说说方孝孺了。

宁海人是以方孝孺为骄傲的。说起方孝孺，家喻户晓，妇幼皆知。这个发生在明初的历史故事，像一道

方正学先生遗像,曾长期珍藏在柔石的书房里。他在画像的背面端端正正写着四个字:长期保留。

方正学先生,即方孝孺,宁海人,明初大儒。从方方正正的峨冠博带中,从银钩铁画般的线条上,我们可以看到他大义凛然的正气和风骨。方孝孺是一个惊天动地的人物,历史的这一页,血流成河,尸横遍市。明成祖篡了位,命方孝孺起草即位书。方拒不从命。"你不怕灭九族吗?"帝问。方答:"十族又何妨!"为此,873条生命被碟杀于市。以众多的生命换取忠贞和大义,幸耶?不幸耶?这段故事令后人一提起就回肠荡气,肃然起敬。家乡先贤的品格对柔石性格的形成,不能不带来深刻的影响。

惊天动地的电闪雷鸣,震撼着中国的封建历史以及中国知识分子的心理世界,并深刻地影响着宁海人性格的形成。

方孝孺,字希古,又字希直,明太祖朱元璋封他为太傅,惠帝时任侍讲学士。因为明蜀献王给方孝孺书庐起名为正学,所以人们又称他为方正学先生。惠帝的叔父燕王朱棣兴兵南下,夺权篡位,一场疾风暴雨震撼朝野。方孝孺本可以不死,明成祖朱棣需要他,需要他这支如椽大笔为之草诏,说明燕王之取代建文帝是合乎天意的;朱棣的高参道衍和尚也有交代,需要以他的形象昭示启迪天下的读书种子,以辅佐江山。甚至朱棣被方孝孺骂得狗血喷头了，身为一怒雷霆的皇帝却还是压抑住心头的屈辱和怒火，婉言相劝：只要你方孝孺答应，为我写一张诏书，喊一声万岁，一切都可以化风浪为平静，化刀光剑影为锦衣玉帛。

然而，方孝孺不能，身为读书人的方孝孺不能，身为浙东宁海人的方孝孺不能，他不能容忍朱棣的篡权！哪怕这是你朱家王朝内部的事，哪怕你手中握有重兵而区区侄子建文帝根本不是你的对手，先皇尸骨未寒，你竟敢冒天下之大不韪，篡权谋位！他不能容忍，他视死如归，掷笔而骂："死即死耳，诏不可草！"历史这一笔，写得惊涛裂岸，义薄云天！其中尤以兄弟临刑前之绝命诗最为壮烈。胞弟方孝友也被执来，面对惨苦万状的兄长，从容吟诗："阿兄何必泪潸潸，取义成仁在此间。华表柱头千载后，旅魂依旧到家山。"方孝孺大恸而作答曰："天降乱离兮孰知其由，三纲易位兮四维不修。骨肉相残兮至亲为仇。奸臣得计兮谋国用猷，忠臣发愤兮血泪交流，以此殉君兮抑又何求，呜呼哀哉兮庶不我尤。"一时，鬼哭狼嚎，天昏地暗！朱棣一口气杀了方孝孺的十族，共计873人！株连之广创历史之最。滚烫的鲜血从南京一直流到了宁海。读书读到这步田地，叫我们后代人说什么好呢？有勇知方，有愚也知方。

方孝孺把读书人的硬气做到了极至。他把浙东书生的大愚大忠大勇大节煌煌地竖在历史的云端里！

多少年后，郭沫若对此深有所感，曾作诗云：

穿过历史风烟,矗立在宁海县城街中心的"正学坊",在"文革"期间被拆除。当时围观者众。他们是否知道,这座建筑是历史上极为惨烈的、染着血雨腥风的一页,是小城文化精神的凝结?从图上看,他们的脸上和背影漠然无知。

棱威一代明成祖,
骨鲠千秋方孝孺。
纵使舌根能断绝,
依然有口在吾徒。

——《咏史》之二

方孝孺对宁海的影响是深远的,对中国的知识分子的影响也是深远的。前文所说,王锡桐、潘天寿、柔石、巴人,莫不如此。

鲁迅先生在《为了忘却的记念》一文中写道:"他(柔石)的家乡,是台州的宁海,这只要一看他那台州式的硬气就知道,而且颇有点迂,有时会令我忽而想到方孝孺,觉得好像也有些这模样的。"

鲁迅先生写柔石,很自然地想到了方孝孺。从气

为纪念方孝孺及殉难的亲属,县城中心建有"义井忠泉"。"文革"期间"破四旧"时,亦作为"封、资、修"建筑而被拆除。

质上说,柔石与方孝孺是一脉相承的。故乡先贤的品格渗透在柔石的灵魂里。早年,柔石便把方孝孺的一张画像珍藏在自己的书房内,并在背后虔诚地题着"长期保留"四个字,可见景仰之情。在宁海县城,方孝孺的遗迹或是纪念性的建筑多处可见。比如在柔石家的旁边,就有一座"方祠",当年很见规模,正殿柱上镌有多副楹联,如"百折不回,抗节一生拼十族;片言征信,大书八字足千秋","浩气贯青冥,奇节共台峰并峙;孤忠悬日月,芳徽与庙貌长新",等等。遥想当年,不能不对少年的柔石有所感染和渗透。又如宁海城关中街,有一座饱经风雨沧桑的木牌坊横跨街心,曰"正学故里坊",成为公正历史的纪念碑;再往东行,有"义井",

当年义士马子同将方族被害者之遗骸收殓于此井中,并以身殉,后人建亭额题"义井忠泉"以为纪念。再如城南跃龙山,有"方孝孺读书处",系清乾隆十七年(1752),县人为纪念方孝孺在此读书而建。这一切,少年柔石耳濡目染,等于无时不在接受历史教育。惜乎有关方孝孺的这些纪念性建筑,多在"文革"之中毁于一旦,至今少有恢复,令后人扼腕不已。

家乡的秀山灵水给柔石以陶冶,家乡的先贤名儒给柔石以风骨。家乡的哺育是他得以成长的最初养料。写到这里,忽然想到了艺术大师潘天寿曾有一颗自刻的篆章,曰"强其骨"。这是他书艺"骨法""骨说"的结晶。李霖灿先生曾有一番评述:"'强其骨',是他(潘天寿)一生的名言,他的书法和绘画都扎其根于斯,一生的成就也肇基于斯,若进一步说,他后来的死于非命,亦未始与此无关。""强其骨"虽说的是潘天寿的艺术追求,其实,正是他人品风骨之反映。我们同时用来观照柔石,岂非相同?

三

柔石就诞生在这样一片历史的硝烟中,诞生在山海交汇、文化深厚的土地上。这块土地在当年是不大善于经商的。即便柔石的家庭是一户经商的家庭,而一旦文化哺育了他,他就不可能去走经商的道路了。

柔石的父亲名叫赵子廉,又名汝能,14岁起就到海游（今属三门县）一家叫巨丰行的咸货店里当学徒。三年满师后，留在店里当了伙计。20岁那年，娶城西一家豆腐店里的王兰姑娘为妻，这就是柔石的母亲了。赵子廉生有二子二女：长子平西；次子平福，后改平复，即柔石；三女玉玫早夭；小女儿玉瑰，或称玉桂，又名文雄。所以后人多以"两子一女"说。因为儿女渐多，家计日蹙，越来越入不敷出，赵子廉遂在28岁那年回到宁海，在比较热闹的西街市门头典来一间小屋，先是摆摊，后来成了小小的一家"咸货店"，并取了一个大号叫"赵源泉"。柔石的儿子赵帝江说，当初摆摊的时候，后面隔了一间作为住房，1902年，柔石就出生在这里。由于本钱微薄，柔石的父亲只能到十几里外的白桥埠头的渔船上买些鲜鱼鲜虾，挑回店里贩卖，或腌些咸鱼咸蟹龙头鲓之类出售。人手不够，13岁的平西，即柔石的哥哥，过早地踏进了生活的门槛，充当父亲的帮手。合家忙碌奔波，惨淡经营，生活才渐有好转。

因此，柔石获得了读书的机会。父兄撑起了家庭经济的柱子。谁知柔石读书读出滋味来，便一发不可收了。此是后话。当时因体质太差，柔石读小学时已经是10岁了。他先在缑中小学念初小，学校离店不远，大约中午是可以到市门头店里来吃饭的，后转学到正学小学读高小，就在西门的尽头，离家很近。正学小学的取名，也是缘于对方孝孺的纪念。

柔石天资聪颖，学习用功，成绩优秀。这使全家很欣慰。柔石的父亲和哥哥，只能算初识文字，而他的祖父倒是一个穷书生,有点读书的背景,这就是柔石的一线文脉了。

柔石不光成绩优秀,且多才多艺。他喜爱书法,练就一手清秀飘逸的毛笔字。林淡秋说过,"他好几次拍拍那用毛笔誊写的非常漂亮的原稿"(即长篇小说《旧时代之死》),表示了对这部作品的希望。这对柔石的书法是一个高度的评价。在他故居的小楼上,还保留着许多精妙的墨迹,以及临摹用的《旧拓龙门二十品》之类的帖子,尤其是他在"浙一师"读书时的作业本,写得端端正正,一丝不苟,然而又充溢着书法的美感。他还向"浙一师"的师生朋友们求得许多书画墨宝,其中有经亨颐、夏丏尊、马叙伦、李叔同、丰子恺、潘天寿等当时或后来的一代艺术大师的作品,其中有丰子恺写李清照的词四屏条,还有一帧李叔同的书法,是他从夏丏尊老师那里得到的,他十分喜爱,装裱成轴,轴上写着他得书的经过:

余幼鄙,不知叔同李先生之为人,然一睹其字,实感师之不及者。共和七纪,余学武林师校,适先生弃世为僧,故又不及见其人而得其片幅。后先生知交夏先生丏尊嘉余诚,以此作赠,余乐而藏之。此非余之好奇,实余之瘾性也。赵子平复自志。

还有经亨颐写给柔石父亲赵子廉的四幅立轴。写的是一首新诗:

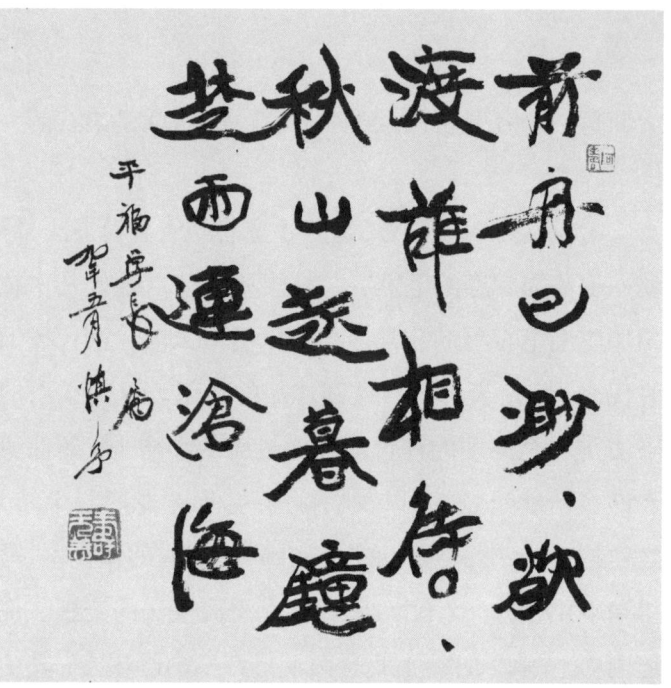

潘天寿送给柔石的书法作品。其时，他们同在"浙一师"求学。潘天寿高柔石三届。作为同是宁海人，文心相通，乡情笃厚。后来，一个成了著名的画家，一个成了优秀的作家，可谓"双星同辉"。

柔石在杭州读书时，甚喜收藏书画。此幅书法作品为国文教师夏丏尊先生所赠。现为其子女珍藏。

此幅书法作品为李叔同入山后手迹。1920年，柔石从夏丏尊先生处得到，珍爱至极。遂请人题字作记，并自己濡笔在左侧，写下如下两行文字：

余幼鄙，不知叔同李先生之为人，然一睹其字，实憾师之不及者。共和七纪，余学武林师校，适先生弃世为僧，故又不及见其人而得其片幅。后先生知交夏先生丏尊嘉余诚，以此作赠，余乐而藏之。此非余之好奇，实余之痼性也。赵子平复自志。

明月，明月，我盼久了。你为什么迟迟的不出？你有强大的光辉，永久的性质，你绕地周行，照遍世界，何曾遗漏了一名一物。明月，明月，你圆时少缺时多，难得今宵光明分外，江山换色！

子廉先生　九年　亨颐

柔石的父亲是个粗识文字的小商人，一向不和士流往来，这幅字屏只能说是柔石请求经亨颐为自己写的。可见他对书法艺术的嗜好。

柔石不单书法好，图画也画得很好，早年故居保存着的《乐歌》题图、丝瓜之类的手工剪贴，画艺

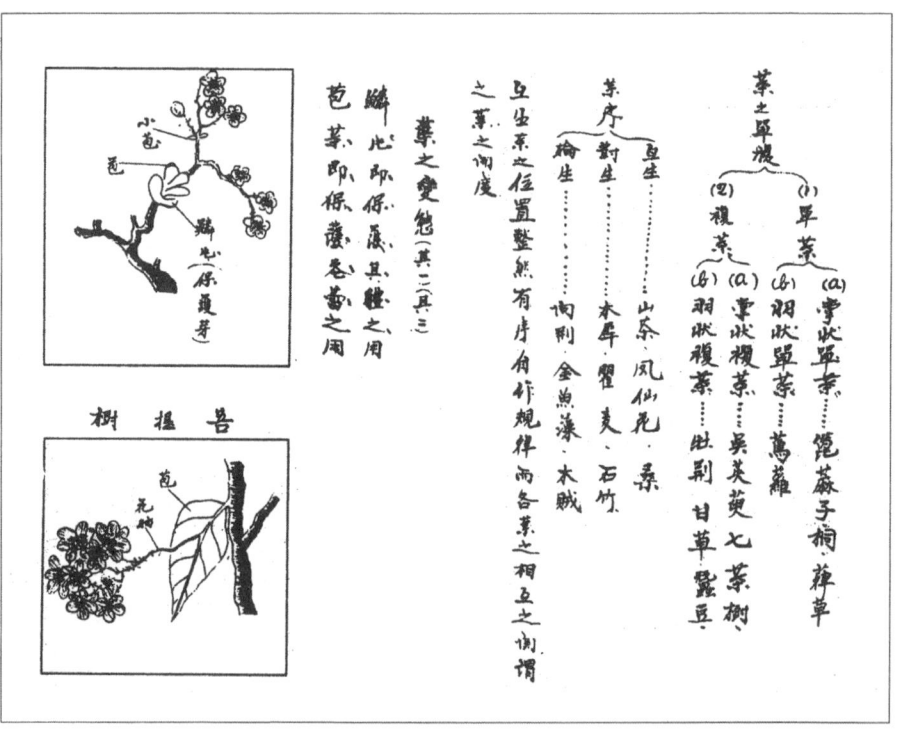

柔石手迹之一：在"浙一师"读书时，所做的植物学笔记。

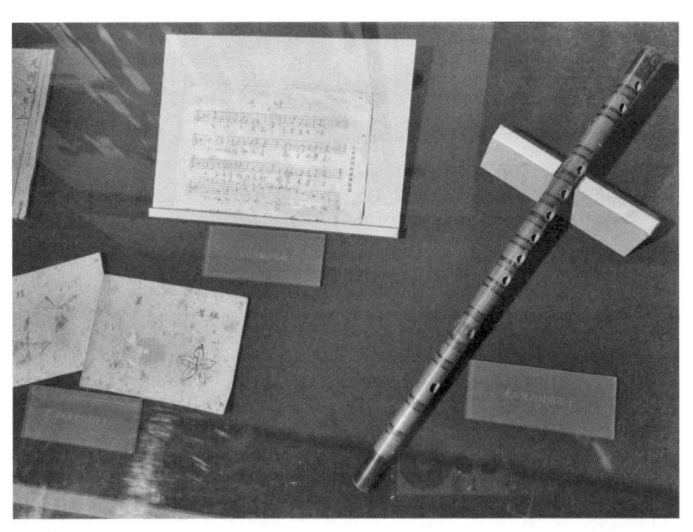

柔石的部分遗物,还有一支他爱吹的笛子。

精妙,都是他少年时的习作。因此,他后来才有兴趣与鲁迅先生一起致力于木刻艺术的介绍。他也喜欢篆刻,几方刻有"赵平福""九曲居士"之类的印章至今还保留着。他又非常喜欢音乐,会拉小提琴,会吹横笛,这支笛子至今犹在;1927年的下半年,他在宁海中学教音乐,还把一架风琴——那时候一定是很新鲜的——抬到家里小楼上,练琴练曲,让儿子帝江站在旁边听。他还为宁海中学谱写了一首校歌,体现了他文学和音乐的双重素养。歌词如下:

> 一九二六,夏云拥瑞,
> 东方升起了歌声;
> 这是人间的文明,
> 也是乐园的笑影;
> 教育是我母亲。

我们琢磨着身心，
我们陶冶着精神；
冲破黑暗的势力，
做个人类的救星；
前途希望无垠。

  1927年他在镇海中学教书时，也作了一首《工农歌》，是学校规定每天早操前必唱的，歌词是这样的："青的山，绿的水，灿烂的山河；/ 美的衣，鲜的食，玲珑的楼阁。/ 全世界，农工们，联合起来啊！"为培养学生对音乐的兴趣，在柔石的指导下，镇海中学曾在周末晚上举行过一次"歌唱比赛会"，师生共同登台放歌，柔石也演唱了一首自己创作的《农夫》歌。可见他之音乐天赋和才能。

  至于文学，则更不用说了，他后来写小说、散文、报告文学、诗歌（有新诗，也有旧诗词）、儿童文学、剧本等等，以及翻译国外文学作品，几乎涉猎了文学的所有门类，真可谓兴趣广泛，修养全面，称他为"才子"，是名副其实的。

  如此一个才华横溢的"才子"，让他去经商，将是何等的乏味，或者说格格不入！所以，他不能遵父母之期望，步兄长之后尘，去"赵源泉"经营一爿咸货店，碌碌于生计的奔波，去做"金钱的罪犯的魔鬼"！

  兄弟两人就这样各奔前程了。

四

古有佚名的诗人撰《宁海县歌》云:

> 丹邱白峤古名区,
> 西接天台东尾闾;
> 一带文明回浦水,
> 千秋灵气出名儒。

明代又有一位叫刘廷玑的描述宁海:

> 远隔灵江百余里,海滨城郭易邱墟。
> 章安太守无遗迹,正学先生有故居。
> 青染层峦经雨后,红翻乌桕惹霜初。
> 停车细问民生事,半种山田半打鱼。

如今读来,都是与柔石息息相关的。

再说柔石与故乡

一

对于一个作家来说,故乡是一个永远的情结。故乡的山水浸润着作家的笔尖,故乡的人文历史造化着作家。作家则以千丝万缕而错综复杂的情感面对着故乡,并把它浓重地投影在自己的作品里。在古人中,最通俗的要算贺知章了,这位"四明狂客"不算衣锦荣归,也是告老还乡,太子百官饯送,心情大概不会太坏,故有《回乡偶书》云:"少小离家老大回,乡音无改鬓毛衰。儿童相见不相识,笑问客从何处来。"而现代的一些作家,感情却要复杂得多,最著名的是鲁迅的《故乡》,岁月陡变,物是人非,从此一去不返,读了悲凉之气扑面,让人怆然。

柔石对家乡的情感也有其复杂性。家乡使他温暖,家乡又使他灰冷,爱与恨交叠隐现,仰仗与叛逆织于一身。

在家乡闲居的那些日子,家乡的山水成了他精神上不可缺少的寄托。他去得最多的地方是崇寺山和跃龙山,或独自踯躅,或与好友赵邦仁结伴而行。赵邦仁也是宁海城关人，家住文明巷，同在"浙一师"读书，低他一级。崇寺山离柔石的家不远，出西门城外即到。崇寺山的得名，来自山脚有一崇教寺，寺院不大，后渐衰落。这是一片低矮起伏的山丘，溪水蜿蜒于山脚，松林葱绿于溪南，向西而去还有状如马鞍的元宝岭，说不上特别的风光，但对年轻的柔石却是一个美好的诱惑。1923年1月19日的日记，记着他和赵邦仁游了崇寺山："宁邑的母山，我很想不到也有如此的美景。而这山——崇寺山——虽不十分高峻，而眼界也算扩张了许多。村落在平原上一堆一堆的，山也一层层地青过去，地上的树木和草也一样……"1922年7月20日的日记记着："下午四时后，一个人坐在崇教寺的路边石上，兴味颇浓厚。满目苍翠，天地真是一个庞大的花园……清和的东风阵阵飘来，听得似甜蜜的幽脆的爱者之微笑。稻浪闪烁着金光，树叶摇曳着翠扇，蝴蝶飞荡在蝉声里。我恰似周岁的婴孩，昏沉在母亲怀中。"

柔石是多么的清纯天真呵！他于故乡山水就像婴儿于母亲的怀抱。读柔石早期的日记，很为他的优美的文笔所打动。一篇篇日记都是精致的美文。令人悲伤的是，他的同乡好友赵邦仁竟年轻轻的得了肺病，1924年亡故，其妻美云过于悲伤，不久竟亦殉情而亡。夫妻两人合葬于崇寺山上。可以想象，柔石对于好友的夭折是非常悲痛的。对着荒冢野草，柔石常去独自凭吊，心境恻然："朋友，我的朋友，生命之绵延，究竟等待着什么呢？……（《一篇告白》）1925年，他还写过一篇小说《C的死》，寄托着对赵邦仁的哀思。在柔石故居的遗物中，有一张照片，照片上没有人，只有一座孤坟，照片背后，柔石写着："1927.3.14，父母将予与西哥分居，杂事纠葛，心甚悲苦。以此常至崇寺山绕仁友夫妇墓徘徊。墓周五十步，每次必六周，很能体贴生死之滋味……"并且写了这样几句诗："微笑的安闲与甜蜜，与天地悠悠而长在，吾将倾倒于你的怀中。"分家之烦恼，亡友之悲哀，对生死之彻悟，全投在几行文字中了。

跃龙山位于城之南，是小城的一个风景区。灵秀的山水，古色古香的建筑，半是天然，半是人文。它的山势北部平缓，与县城相接，西南陡峭，临水而立，清澈幽绿的溪水沿山脚蜿蜒而去，一派天然的诗情画意。

宁海城南跃龙山原望湖楼风貌。

坐落在跃龙山上的原方孝孺读书处。清乾隆十七年（1752）建。室前有石桌、石凳，后渐废。室后有巍然挺立的"乾坤正气坊"，镌有楹联："真读书种子，正气充天地；是名教完人，学行炳古今。"后毁于"文革"期间。现已仿建了方孝孺读书处，为后人参观景仰。

山上有诸多人文建筑，道、儒、释共存。著名的方孝孺读书处和乾坤正气坊就坐落在山头，曾有楹联镌于石坊上："真读书种子，正气充天地；是名教完人，学行炳古今。"侧有青云观，后通吕祖殿，临海葛咏裳曾撰联："香烟归庄严，仙迹长留，想落月沧溟，半醉曾骑龙跃过；书声今寂寞，忠魂不返，对斜阳雉堞，孤城犹恨燕归来。"此联大约把跃龙山的妙处，全都概括进去了，可称一副佳构。想来当年柔石是一定读过的，惜今也已荡然无存。而让人怀念的还有依山而建的三层楼屋，上有望湖楼，登楼纵目，览尽溪山，最使人回味的是旁有一条登山的石级，苍苔青石，平平仄仄，掩映在参天的古木中，如今都已变得面目皆非，风韵不再。解放后，各届政府当然有植树绿化，新辟将军湖，重修文峰塔，仿建正学先生读书处之举，均属善事，而我觉得最精华之一的望湖楼以及楹联石刻没有得到妥善的保护,实乃大憾。

青少年的柔石是经常去跃龙山的,日记中多有记载。或徜徉于山上,临溪而远眺;或温习于林中,把卷而低吟。有一则日记还记云:"我和邦仁恰在跃龙山游走,只听号声呜呜地吹来,许多人在校场上慌张着,说是一位和尚强盗要来杀了。"原来,官府要到山下的校场处决一个称之为"强盗"的死刑犯来了。柔石为此还大大地发了一通"到底谁是强盗"的议论。又有一次,他又在跃龙山上见到了什么,日记上记着:"我不愿讲昨天在跃龙山见的什么!更不愿想昨天见的那个!人是被运命注定的,好似云要随风吹一样,不该有反抗和乱想!"(1923年2月17日)这是一件什么事呢?是感情方面的,还是社会方面的?隐约透着对现状的不满。只能留给后人臆想了。

柔石是热爱家乡的。家乡先贤的形象,铸入柔石的骨骼,给他以挺拔、正直、坚强,并敢为真理而献身的气质;而家乡的秀山灵水,则润湿着他的笔尖,他的文笔显得优美、隽永、清新。读《二月》那样美的文章,不是可以印证这一点吗?

二

巴金在谈及故乡时,曾有一段深沉的话语:"在幼年时代,你曾使我享受种种的幸福;可是在我有了知识以后,你又成了我的痛苦的源泉了。"

柔石也痛苦。

家乡太贫穷太落后了,甚至偏僻。

在当年,宁海的交通是很不方便的。比如你要到省城杭州去,就得行走或坐轿数十里到象山港尾一个名叫薛岙的村庄,然后坐小火轮到宁波,再转换大轮船到上海,然后再从上海坐火车到杭州,团团地套了一大圈,至少得花上两三天时间。不像现在上了高速公路,说去就去,想回就回,两三个小时也就够了。

这倒是次要的,家乡百姓的生活状态则更使他忧心,并深深地刺激着他。形形色色的贫苦劳动者——泥水匠、木匠、皮贩、农人、山民——"年年困顿如故。水、旱、虫、风,终岁在田场上勤劳,不能得一饱,忧衣忧食,没半点人生乐趣"(1923年2月16日日记)。而且天灾人祸频频地降临在家乡的土地上,从他1922年日记中可以看到,才"天久不雨,农民之心,惊张无似",他发出了"赤日炎炎似火烧……"的感叹,倏又飓风暴雨,"南门外是白洋洋的一片了。棉花番薯都被浸没,青豆黄瓜多被漂去,多少农人,都纷纷地在那里叹息叫苦。……还有许多不坚固的房子,瓦片飞起,墙也倒了。一夜的困苦,都怨天作之孽!处处传来,都关心于大水的事。东乡的塘田溃决了无余,住着的人和屋,也有被吞去了。南乡北乡,摧残真正不少"。这是8月6日的事,台风暴雨刚过,谁知8月12日,"第二次的风雨又暴烈地来了……果然,是第二次的水灾!"这样易旱易涝、暴旱暴涝的自然现象,至20世纪80年代,还时有发生。当今的宁海人是深有体会的。

其次是择业。对于柔石来说,从来就没有停止过对自己人生道路选择的构想。他不愿经商。父亲和兄长都是经商的人,开着"赵源泉"咸货店,兼营南货北货,本来他可以熟门熟路,继承商业,过过小日子还是可以的。然而他根本就不愿意。曾经有这么一回事,有一年他从杭州读书回来,即将过年,父亲的小店分外的忙,父亲便让他去帮忙,记记账、收收钱什么的。柔石也去了。只是他竟对此道冷若冰霜,呆若木鸡。"旧历年关将近,后天就要过年了。人们正为钱而忙,壮的老的,幼的弱的,个个的心和身都向着钱的方孔中急紧的钻。""人固然不能不生活,但生活之柱,即以钱为支持,我真不解!"这个书呆子,一辈子吃着没有钱的苦,弄得穷困潦倒,连生活都过不下去,还谈什么"废止金钱,确是我们自己扫除罪恶的第一件事"。他"日间专门做父亲的书记——记收账的事项",但心却飞到店外。那一天,"很早起来,就到店中去",账房先生做得很苦很乏很厌倦,只觉得"光阴实在过的慢",直到半夜,他才"被允许回家,手提着灯笼,朦胧的在路上走"。心里在诅咒着,"人都是金钱的罪犯的魔鬼!"可见经商于他是如何的水火不容了。

他也不愿意教书。"教书实在是读书人的下策。"他对他的哥哥如是说。他也曾教过几次书,家庭教师,小学教师,中学教师,他都当过。但每一次都长吁短叹,愁眉不展,终于半途而废。"小学教师,我真似吞石般的苦楚而难下咽了!"他一次次仰首长呼,"天啊,我真是烦恼而抑闷!"

那么,他做什么去呢?他常常怔怔地望着天,悲苦地胡思乱想:"白云经西飞东,我常要疑心飞不飞过我的头上?"家人们都感到奇怪极了,这天有什么好整日地看着的呢?"仰头望天,真闲着呢!"家里的人都讥笑他了。母亲对他说:"你的哥哥真忙呵,从正月初一日起到年满,没有一天安坐过。"父亲则说:"一个时刻忙,却很高兴;一个闲着玩,反愁煞似的。"

家里的龃龉、矛盾,不可避免地产生了。父亲总是感到他未老先衰,暮气重重,母亲也只好常常叹息。哥哥呢,兄弟情谊固然如同手足 —— 每次柔石向他借钱,做哥哥的总算尽了心力了。然而还有嫂嫂呢,这位嫂嫂会怎样想呢?两兄弟尚未分家,一个做"赚进来"的事,一个做"花出去"的事,她的心里会平衡吗?闲言碎语难免多了起来。柔石倒还好,长年累月在外面奔波,他的妻子吴素瑛面对这重重的无形的压力,可吃不消了。她该怎么办呢?

这是一组无法调和的矛盾。家中的嘈杂,柔石是无法面对了。"母亲是爱我的,父亲也爱我,妻,更不用说了;此外,哥哥妹妹,总之没有一个不爱我!"柔石心里是很清楚的。然而这无法消解柔石心中理想不能实现之苦闷。他想读书,他想出国深造,他想写作做学问 —— 他的理想被现实撞得粉碎,眼前是一个"嘈杂纠纷"的家,他只好发出诅咒了:"万罪的家庭,万恶的家庭,他要我的性,他要我的命!"

晚餐摆好了,合家一起吃饭。"席间,人们很少有话,竟连子侄辈都一声不响。我呢,低头眼看着饭碗,一粒一粒地向嘴角边送。'我为什么要坐在这里吃饭呢?'……"柔石终于想好了:"用了新的决定来冲破这牢笼的围范罢!我要脱离家乡了。"(《一篇告白》)

三

1927年9月,柔石从镇海回到家乡,先在宁海中学教书,后又任教育局局长,这段时间,是他勤勉于家乡的教育事业最为努力最为稳实的时期,教书,写作,做事业,又可兼顾家小,一切都好像找到了归宿。但是,1928年5月间,宁海发生了一件大事——亭旁暴动。

亭旁现属三门县,当时三门(称海游)是属宁海的,而宁海则属台州。亭旁暴动是一次党领导的农民起义。1928年3月,中共宁海县委成立。3月15日,县委提出"准备暴动"的口号。这次行动的大背景是为了贯彻执行党中央坚决纠正陈独秀投降主义路线的决定以及土地革命和武装斗争的总方针。5月20日,县委召开会议,在分析形势、做好准备的基础上,决定提前举行亭旁暴动。5月26日拂晓,暴动农军高举起义大旗,执土枪、长矛,占据亭旁镇,当地官僚地主、土豪劣绅闻风逃遁,纷纷向国民党浙江省政府、宁海县政府告急。翌日,反动政府即增兵"围剿",亭旁农军处于

1927年9月,柔石应邀回到家乡在宁海中学任教。图为宁海中学全体教职员合影。前排右五为柔石。此影摄于1927年12月29日。

夹击之中,经过英勇抵抗,最终失败。镰刀斧头初试锋芒,一片热血渗透在浙东的土地上。当时的革命正在发热是不争的事实,故林淡秋有"成百人不及反动派的一排枪"之感叹。当时,担任区革命委员会主席兼红军总指挥的是宁海中学的教师包定。国民党反动派还从抄获的文件中发现了宁海中学是"共产党的大本营"。这就非同小可了。宁海县城,乌云滚滚,宁海中学,风雨满楼。正在一心为宁海中学建校立案而奔走在沪杭线上的柔石,还能在此立身?他身为教育局局长,会不会因此受到牵连?朋友们走的走,散的散,同时也劝他快走快散,柔石眼前一片凄凉。四个月的心血成了镜花水月。他终于出走。

1928年6月7日他给父母双亲的信中写道:"奈在宁一年,教育局住了四个月,结果一桩事做不了,朋

宁海县城内的柔石中学及教学大楼前的柔石塑像。
（赵安炉/摄）

友个个四散，个个灰心。儿试问，儿虽无志，岂肯白吃宁海之饭耶？因此儿决志不返城内……拟转赴沪谋生矣。"又于同年10月25日写信给他哥哥说："我在宁海做事一年，处处垫钱，吃力，空了一百几十元的债，他们还要说我，这真无法可想。社会是黑暗的，有的时候，做坏人的得便宜，做好人的吃亏。但我们因此做坏人么？不能够。"昔年种种情绪复杂又浓烈，离乡出走已成他的必然选择。

　　从此，他定居上海，除了牺牲前曾回家一次，为母亲六秩寿诞祝贺外，便再也没有回家了。

亭旁暴动总指挥部旧址，现在看去，像一幅古朴苍郁的水墨画。但在当年，这里风雷激荡，血火交迸。

柔石取名

柔石原名赵平福，又名赵平复。那年他降生的时候，家里充盈着喜气。他四周的人，个个为他而快乐。他母亲后来告诉他，那天清晨，五彩绚丽的云霞拥护着屋顶，数十只喜鹊不住地在屋檐上叫而且跳，父亲呢，拿着檀香在香炉上烧了起来，屋子里立即飘荡起透人鼻髓的异香。外祖母得到消息，尤其高兴，立即拍手叫道："归山虎！归山虎！"因为这一年正好是寅年；当时，外祖母正在农田上收割；满畈稻谷都是金灿灿黄澄澄的，她又说："熟年儿，熟年儿！"一切都是吉祥的征兆。于是父亲便给初降生的儿子取了一个大名叫赵平福，他期望儿子的一生能平稳有福，同时，是不是也希望自己的小生意经营有个好的开始？

谁知数年之后，当地有个同姓的地主，儿子的名字也叫平福，他便不许柔石用这个名字，天下岂有这等道理？他的儿子比柔石还要迟出生几年呢。父亲为此怄了一肚子的气。也许可以说，这是在幼小的柔石的心灵上投进的第一束人生阴影。多年之后，他与朋友们谈起这件事，还止不住地不平和气愤。倒是后来他自己嫌这个名字太俗气，才改为平复。他的早期作品，都

学生时代的柔石。

是署的这个名。

  1928年他到了上海,从事文学创作,发表、出版了许多文学作品,开始使用"柔石"这个笔名。据丁景唐编的《左联五烈士研究资料编目》说,是年10月30日,柔石的小说《人鬼与他底妻的故事》首次以"柔石"的笔名,在《奔流》第一卷第五期上发表,并连载。此后,他的一些主要作品如《旧时代之死》《三姊妹》《二月》《为奴隶的母亲》等均署名柔石。而按郑择魁的《柔石著译年表》说,柔石首次使用这个笔名的是《新诗两首》,

这是同年 8 月 15 日 — 16 日的作品。不知孰是孰非？

而柔石在此同时，还翻译了不少外国文学作品，比较多的是丹麦的短篇小说，其中有部分是与林淡秋合译的（淡秋 6 篇，柔石 11 篇，故称合译），署名用的是金桥。他的部分诗作也用了这个笔名。

作家的笔名，一般都有一点什么意思。或纪念什么，或喜欢什么，或寓意什么。柔石为什么会取这两个笔名呢？

原来，在宁海柔石故居的旁边，准确地说，在"方祠"门前路西，柔石故居之东侧，有一条小沟，早年是否有溪流规模，不得而知。记得解放初，我背着书包去城西小学读书，是必得走这条路的，那时候，确是一条小沟。由于地形陡峭，沟水湍急而浅显，上面架着一座小石桥，桥上镌有"金桥柔石"四字。这四字为何人所撰，有何意义，已是历史的疑问了，然而这四个字却很有文采，很有诗意。柔石日出夜入，必有所感。日后信手拈来，成了两个很有意思的笔名，一为"柔石"，一为"金桥"。一为创作之用，一为译作之用，也算鸟之双翼，比翼齐飞。尤其是"柔石"这两字，我倒并不赞成后人把作家初衷解释成为"对人民要温柔热爱，对敌人要像石头一样坚硬无情"之类的带有政治色彩的意义，而更觉得这是一种乡情之美，辞情之美。一柔一刚，柔中有刚，刚柔相济，互为统一，堪称绝妙。《山海经》中《西山经第二》记载："西南三百六十里曰崦嵫之山……其中多砥砺（砥，柔石也，或作砥）。"所谓砥砺，后人多作磨

柔石自刻的"赵平福印""九曲居士"等章。

炼、勉励之意。因此,从审美感觉上说,是一个使人获得感奋力量而又美好愉悦的名字。这其实正体现了柔石的文艺涵养和鲜明个性。仿佛"金桥"也如此,他喜欢的是金色之桥这样美丽的形象思维,而"他似乎立志用自己生命的火焰去搭架一条引渡苦难人民通向自由幸福新天地的金色的桥",大概也是后人的揣度和溢美。

柔石用过的笔名还有赵璜、刘志清、方前等一些,但并不多。如呐喊革命的报告文学《一个伟大的印象》,用的就是一个全新的笔名刘志清。触及革命话题的散文《还乡记》则用了方前。翻译高尔基的长篇小说《颓废》署名赵璜。黑暗年代,以笔作枪,打一枪换一地的,也是常事。比如鲁迅的笔名,竟有130个之多。

柔石还用过其他一些名字或别号,如赵少雄、风人、九曲居士、爱耳、署平等。在《鲁迅日记》中,鲁迅称他为"平甫"。在致许峨的信中,自署为"柔"。被捕时,用的是赵少雄的名。他有两个妹妹,大妹玉玫,幼时早亡,小妹玉瑰,又名文雄,想来他的少雄是与妹妹的名字列为同辈了。而风人、九曲居士两个别号则鲜为人知。他的藏书《德国文学史大纲》扉页中,有"风人购于杭。一九二六·六·一"等署签。是否缘于他曾有小说题为《疯人》的谐音?

在这里不妨再说说柔石为自己的子女起名的故事,从中也可窥见他的抱负志向及为人品质。他的第一个儿子旦华早夭,未有取名之记载。后来的三个子女,他的妻舅吴文钦倒是有一段回忆,曾当面说与我听。

在一次亲友的聚会中,柔石很有兴味地告诉大家,他是怎样为儿子取名的:

长子赵帝江,取自《山海经》典故:"天山……有神鸟,其状如黄囊。赤如丹火,六足四翼,浑敦无面目,是识歌舞,实惟帝江也。"

而次子赵德鲲,则取《庄子·逍遥游》:"北冥有鱼,其名为鲲。鲲之大,不知其几千里也。化而为鸟,其名为鹏,鹏之背,不知其几千里也。"

亲友们听罢便恭维他说:"你的气魄真大,得了一个大鸟,一个大鲲,可见你之抱负不俗也。"

他笑了:"鲲化为鹏,万里展翅,我的小儿子将来定要给他学开飞机的了。"

女儿赵小薇是他特别疼爱的。他以为女子半边天,没有女人就没有人类,不能轻视女子呀,"大海积于水滴,高山起于微粒",任何事物都不能因小而忽之,是为以小见大也。

半新半旧，欲离难离
——也说柔石的婚姻

世界上很多东西总是相矛盾相抵牾的。比如鲁迅，这样勇敢坚韧的反封建斗士，长久以来，对自己的婚姻却显得那么软弱无措。与朱安的结合，自然是个大悲剧。当时他在日本，一纸信来，母亲为他订了亲，说朱安是按旧式规矩教养大的，不识字，也没有见过鲁迅，但母亲见了喜欢，便托媒说了这门亲。鲁迅的第一个反应是反对，要退婚；第二封信来了，说不能退婚，鲁迅只好作出让步，但提了两个条件，一是要朱安放足，不再缠小脚，二要她进学校读书，学点文化。第三封信又来了，说是足已经缠了，放不大了，读书也不愿意，这就把鲁迅逼到了绝处。没多久，母亲以一纸病重诓他速归，落进了被逼就范婚礼的圈套。许寿裳说："鲁迅曾对我说：'这是母亲给我的一件礼物，我只能好好地供养它，爱情是我所不知道的。'"《亡友鲁迅印象记》）鲁迅的文章里和骨子里透着浓浓的悲凉，可以说也是与他前期的婚姻有关的。

柔石的婚姻不能说与鲁迅一样。鲁迅是十足的包办婚姻，柔石的婚姻，至多也只能说是半新半旧的，而不能如许多文章中说成是"从父母之命，凭媒妁之言"

的"包办婚姻"那样,包括20年前我自己因人云亦云而写的文章。也包括1998年1月版的《柔石日记》注解中(第16页),还有"包办婚姻"之称,也许理解有别,实在是不太准确的。

柔石最初是见过吴素瑛的。1919年正在"浙一师"就学的柔石回家过年,元宵节同学们相约去城郊的一个乡村黄坛看灯会。柔石与吴素瑛见了面。其时,她在黄坛姑父家读书。那一年,柔石才18岁,少男少女相聚,自有一番欢娱,且吴素瑛出身于"蓬门碧玉",

柔石的夫人吴素瑛(1900—1971年)。柔石牺牲的时候,她才三十出头。她泣饮痛苦,负重含辱,敬奉公婆,抚养子女。她自有一种光辉,也是一种不幸和牺牲。我们很难用现在的观念去要求旧时的女子该怎样做,她们永远是中华民族心头上的一份痛楚。因此而让我们深深地悲悯。

20岁的她当是有些青春风姿的。当时的柔石也许没有想到这次见面——不知是父辈的安排呢，还是命运的巧合，成了他父亲为他订婚的一个依据。他也没有什么好反对的，心头倒是萌动着对异性的好感，他同意了这门亲事。

吴素瑛比柔石大两岁，宁海西乡东溪人。她的父亲吴桂馥是个老童生。比起一般穷苦的家庭，柔石和吴素瑛两家都算有点小"家境"，也沾了一点读书人的气息，说起来也"门当户对"。于是柔石的父亲便托城内董家一位与吴家有世交之谊的董六斋先生说了媒，顺利地定下了这门亲事。

但18岁的柔石还是情窦初开，初涉男女。早婚是父母所希冀的，却是年轻人的不幸。此时的柔石正在杭州"浙一师"读书。五四运动的浪潮铺天盖地，并深刻地影响着当代人。个性解放、自由恋爱、张扬自我等等民主思想如波涛汹涌，受影响大的首先是一代青年知识分子。婚初的甜蜜过去了，柔石慢慢觉得，他的这门婚姻并不理想。没有经过思想、感情、性格、气质的磨合而一步到位，常常会酿成不幸的苦酒。吴素瑛与他以及他在杭求学的世界相差甚远。大山外的空气是如此鲜活，而闭塞的家乡仍然是死气沉沉；充满时代气息而有文化的女性在他面前时时可见，而自己的妻子，虽说粗识文字，也仅仅是粗识而已，何况她接受的教育都是封建礼教、传统伦理，更何况他自己多才多艺，情感的触角特别敏锐。总之，裂痕不可避免地出现了。他把自己的七上八下、错错落落的心绪投影在自己的日记里。1922年8月1日日记云："伊诉说完伊的愁情，而且要我扶助。……我总对伊说——你是个裹足的小孩子；我虽是能攀援藤树的男童，对你实在无能为力，扶上高枝中！"柔石无能为力，吴素瑛也无能为力。缠着小足如何能上高枝呢？10月19日日记云："我是个无家的人，而且自己标明过对现在家庭像旅馆一样，一年两次的作客。虽有一部分纯粹的爱，但缺少人生原素上的材料，终使我在外萧条枯寂如远行者。"这是他对家庭对婚姻的一条注解。父亲来信告诉他，他的妻子生了个儿子，明明是值得高兴的一件事，他却忽然觉得"眼前乐趣，立即飞散"！(5月31日日记)究竟是幸福还是痛苦，竟想不出来。暑假开始了，他和他的同学们都可以回乡了，同学们一个个心里藏着乐意，脸上现出笑容，恨不得两个车轮飞快出发。而柔石，感觉正好和他们相反，"无聊的到极点了！"(7月9日日记)他竟无意无趣于回家！尤其能反映他的心境的是他收到妻子来信却忆起了读女朋友来信时的愉悦，他无法回避两者落差之大的真实。日记(1923年12月10日)记曰：

素瑛啊！我也不可骗了我自己，当见着信和拆时，也似有昙花一现的甜味，暖到我的唇边和舌头，但一读第一句，悲哀立即就涌到心上而起来，到末了，悲哀就满浃着周身，周身的神经与血液、筋肉、骨骸、腑脏等都成了冷的慢的蠕动。

而读女朋友的来信,则完全是另外的情景了:

……我呵!何等快乐的知道了这是女朋友给我的答复。急忙地背着朋友拆开了,引出了五张信纸,细细密密的一句一句快读,心完全在信笺上跳舞!……这种快乐,是怎样的乐啊!而且当十时朋友睡了以后,我立即拈纸作回信,不自觉的到了十二时写出七张信纸。从头一读,又觉得感情来得太强与太速,在第二次通信,不当如是,重又撕了!因为第二天有重大的工作催着,不得不勉为去睡,但终于睡不着,辗转反侧在床上,怕又到了一二时。呀,这种深快乐的快乐的信,是我于柔性的第一回,我是永远不忘!

今天哟!素瑛!我太委屈你了!我对于你的信,虽也读熟了,而且紧贴着身边袋里,但我终究对你所表示而传递于我的,我没发过笑声,开过笑容,跳内心的一回快乐之舞!……

吴素瑛给柔石的信里,大概有些不愉快的内容,比如,妯娌之间会有什么龃龉,家族中会有什么周折。妻子不向丈夫诉说,向谁诉说?她实实在在地是要过日子。而书生气十足的柔石,却似乎把自己置身于浪漫的梦幻中,有一次,他听他的同学读信,听得他痴了一样,心碎如玻璃:"一位新婚的朋友,读着他的伊的手札,我听得如酒后一样。'哥哥,你要保养你自己的身体,不要时时念及妹妹!'我简直心如玻璃瓶从半天跌下来碎成万片一样了。我是愿在梦(里)哀求!"(1922年11月27日日记)像这样多情缠绵的句子,面对家庭纷繁的吴素瑛如何写得出来!而偏偏柔石需要的却是这个。他"最恨的是爱的不能融合,不相了解",他需要用文字表达的那种细腻的感情,复杂的心理,荡人心魄的爱之波澜……而这一切,吴素瑛是无法给予的,这就有点阴差阳错了。也就是性格与文化的差异吧。因此,连吴素瑛都感觉到了,夫妻之间开始逐步有了隔膜,有了分歧,甚至她还听到了风言风语,她怀疑丈夫另有所爱。他们曾有这么一段对话,反映在1924年1月14日柔石的日记中:

"你的心之苦痛,何必要我明白,自然有明白的人在!"

"素瑛啊,你这些话从何处讲起?"

"从西湖边手挽手走的时候讲起!这些话传到我的耳朵,会谎么?而且我假如添上半句,结果……"

"……究竟谁告诉你的?……天在头上,地在脚下……素瑛,我的心情,完全被你抛在冷水里!……"

"同未出嫁的姑娘通信是应该的么?"

"也并不不应该?……好的,不应该罢!"

"我一切可随你,我决不阻挠你心上所计划而将来要做的事情,我也没能力来阻挠你!我更和你讲,假如你有心爱的,你确好同她重结婚,你的父母不承认,我也代你设法!"

这些话,可以看作夫妻间床上枕边的含酸发醋,但也许他们同床异梦、志趣各异的分歧从此始。

年轻的柔石是会有些女朋友的,他长得眉清目秀,又有才华,感情世界又特别的丰富敏感。在他的日记里,多个女性隐约出现,都使他想入非非,遐思翩翩。"我很景仰伊之美,在不谈不笑间"(1922年6月4日),"而且望Y女士的来——伊已被藏在我的心(自传给我伊的风姿和才干了)几日,我的心就非意识地摆荡,表现了痴的醉的怪象。"(1922年10月4日)"从昨夜到今晚,却有两件可纪念而令我心悦的事:第一,当然要算是昨夜的亲美梦,和一位——就是伊,拥抱着长久的Kiss,就是醒了,还觉得全身如饮过葡萄酒,眠在爱人怀里一样……"(1923年5月1日)"思想在'伊'周身绕着,'伊'觉到有无形的牵绊么?"(1923年6月7日)诸如此类的感情流露,常常隐约在柔石的文字里。但柔石绝不是那种朝秦暮楚、轻浮浪荡的纨绔子弟,也不是移情别恋、纵情于色的风流人士,他是太追求精神上的爱情了。他喜欢女性,同情女性,也尊重女性,如同萧涧秋对陶岚对文嫂一般,这种柏拉图式的向往,诗人气质的狂热和浪漫,都是他一种天性率真的流露。这是否也是那个时代的青年的一种典型?

但是他天性温厚,心地善良,他是个年轻的男子,一旦回到家中,他需要妻子的温存,感情的滋润,"在伊到家进房的一刻,我十分的跳起欣美的心,一面就不自主的伸出手,紧握了一会。待放好了东西,和伊共坐在床框时,我就向伊拥抱了!可是浸惯于旧风气的女子,不知日间的拥抱,是更甜更美于夜半的接吻,所以伊说,你总是如此的!"(1924年1月3日日记)原先在学校时的种种决心——比如,他想回家后与妻子"同房异床"都烟消云散,化为情不自禁!"同房异床计也破坏了,反而夜夜要求她。是结婚到现在所没有的奇怪,心如火一样,安慰的是温暖的柔身,简直自笑是成了蝗虫!一切平日的未满足条件,要使我和她怎样的,都一时消灭了。"(1923年2月11日日记)其实这有什么奇怪呢,柔石可不是不食人间烟火的假道学者,他是实实在在的有血有肉有欲望且年龄方轻的男人,且吴素瑛也才是个20岁出头的妙龄少妇。

他好像处在两个世界里,一个是求学的外部世界,一个是家乡的内部世界。外部世界是一个天马行空、独来独往、任性而任意的世界;而家乡,却是一个实实在在的上有老、下有小的既温馨又繁杂的家。

应该说,在婚后的几年里,柔石对自己的婚姻还是抱着希望的,正如鲁迅先生希望朱安能解放小脚,能读书识字一样。有一段时间,柔石表现得特别认真特别投入。那便是1924年的1月,他从杭州当家庭教师回来,他决定亲自教妻子读书,拉近夫妻之间的文化差距。课妻之前,吴素瑛也在读一些《女子尺牍》之类的书,但她总是读不熟,记不住。柔石就与妻子商定,除了给她选读一些名著如《少年维特之烦恼》《陋室铭》《春夜宴桃李园》及《古文观止》里的《五柳先生传》、《红楼梦》片断等外,还亲自给她写了两封信作为教材。

这两封信一直被吴素瑛保存到解放以后。

兹抄摘如下：

（一）

我爱！你现在一定奇怪我了！我许久没有写信给你，你会疑我病了么？其实，我现在健的非常，我能走很长的路，昨日环着西湖绕了一周，怕有五十里路，我两腿还一些不觉疲倦是什么，我真健啊！不过身体虽则强壮，我的精神却病了！病的什么？恐怕你也会猜得到的，是懒怠病！我一月来，没看完一本书，没写过上一千字，问我做些什么呢？除去吃饭、睡觉、游戏以外，恐怕不能有别的回答了！我写这信，实在超脱我近来的生活常例以外，你当然感谢我！

（二）

亲爱的人：我此刻快乐极了！因为我现在坐在花前的绿草上，旁边有黄莺的叫声，斜阳挂在西山上，我真似云中的仙人啊！我除了你以外，没有别的思念，没有别的要求。你，亲爱的人，你会飞么？你不觉天长路远么？我以为宇宙中除了爱情以外，没有别的东西存在了！爱情！这个秘密而奇怪的名词，太欺负我们了！"没有爱情的世界，于我们有何用处啊！"现实的人间，于我不知怎样，不过我想，失掉了爱情的人生，于我们有何意义啊！一想到此，立刻就悲伤……

读这样的信，更可以看出柔石当年的婚姻呈复杂性。鲁迅先生说柔石:"无论从旧道德,从新道德,只要是损己利人的,他就挑选上,自己背起来。"这话自然是广泛的指向,映照他对婚姻和爱情的态度,也是合适的。他一面不能满足现有的婚姻,向往追求理想的爱情,一面不得不尊重眼前的事实,希望妻子能逐步理想化;他一面很想自己能痛痛快快地倾心荡魄地死去活来地爱一回,一面又非常同情怜悯自己的妻子,"更怜惜伊命运的摧残,背时代的不幸!"他很明白:"我真不幸,我既委屈了自己,又委屈了素瑛。一般的悲哀,跃跃地在我心头,我不知何时得磨灭。"(1923年12月10日日记)他真实地处在这样的矛盾两难之中,想把"新道德"和"旧道德"同时负荷在自己的肩上。直到到了上海,他接受了感情炽烈如火的冯铿的爱情,也没有完全摆脱这种尴尬的局面。他曾在日记上,流露出对妻子的不满情绪:"去年,因为妻要我送灶司,不是和我口角么?在年三十夜流泪,叹息自己的运命,是不会忘记的。""想想妻的不会说话,常是一副板滞的脸孔,有时还带点凶相,竟使我想得流出泪来!天呀,妻子是你给我安排定的么?"又一次,他接到父亲来信后说:"素瑛一心要外出,竟不愿任我一人在外,逍遥自在。……我读了信,心灰意冷!问自己不知如何解脱。"而另一面呢,他的心上仍然挂着宁海的家,挂着自己结发的妻,有时"送妻法兰绒一丈四尺",有时带一些做长袍或裙子用的布料,有时则寄些钱去。西哥来上海看他,说了家里的事,说了素瑛及三个子女的近况,听着听着，他几乎流出泪来，心里默默地诵念：妻子孩子们，又可怜了你们了！直至吴素瑛亲自来了一次上海，他还陪着她去玩。送回轮船码头时，忽然阴云密布，暮雨欲来，柔石急忙买好雨伞一顶，复送船上，生怕妻子受淋。

在分析柔石的婚姻时，有时候我会更多地想到吴素瑛，甚至想到了鲁迅先生的朱安。连同旧时许多女子一样，她们有什么过错呢？没有。不仅没有，甚至更悲苦。吴素瑛嫁到赵家之后，她期盼的是什么？她得到过多少心灵上的温暖？把这个家当作旅馆的柔石，又究竟承担了多少家庭的责任和义务？她一个牵儿拖女的妇人，如何日复一日地面对生活重压？丈夫只知花钱不知赚钱，妯娌之间哪怕是轻轻的一句含沙射影或是冷言冷语都会使她感到委屈万分！一边柔石还怨她文化不高，还一个劲地让她去读书，还有种种"花色"新闻传来，说是夫君在外与谁要好啦，与谁散步啦，与谁牵手啦，她的性格不暴才怪呢，她的脸色会整日"诗情画意"才有病哩。柔石与她的感情不合，对谁都是合理的，对谁都是悲剧，有时我甚至觉得，吴素瑛更让人扼腕叹息！她该怎样才是呢？半新半旧的婚姻，欲离难离的家庭，谁幸？谁不幸？对柔石，对吴素瑛都是一样的沉重。

鲁迅先生说："在女性一方面，本来也没有罪，现在是做了旧习惯的牺牲。我们既然自觉着人类的道德，良心上不肯犯他们少的老的的罪，又不能责备异性，也只好陪着做一世牺牲，完结了四千年的旧账。"(《随感录四十》)我们只能说，这是时代的局限，命运的悲剧。

柔石牺牲以后，吴素瑛悲痛万分，一直没有改嫁。几重压力同时落在她的头上。漫长的岁月如何度过？沉重的负担如何挑起？这个上有老人、下有子女的家便整个地搁在了她和她公公的肩上。除了鲁迅有所接济，和部分柔石的版税外，过日子全靠柔石之兄赵平西经营着的"赵源泉"给她的每年50元至60元的利息，本钱是父亲给他们兄弟分家时，分给柔石500元的股份。家里还有几亩田地，种田割稻之类的重活，吴素瑛吃不消，雇人来做，而种菜种蒜、收豆打豆、晒谷收谷之类的农活，则全由她自己做。因此，粮食还是有得吃的。她自己用的开销极少，生活极俭节。衣服补了又补，鞋子都是自己做的。养了猪，卖了还债；养了鸡，

毛泽东主席签发的烈士家属纪念证。

鸡蛋舍不得吃，卖了作为零用。磨了麦子，粗粉麦皮之类的粗粮自己吃，细粉做给孩子吃，真可谓"吃的是草，挤的是奶"了。她含辛茹苦，拉扯着三个孩子长大。抗战时期，日本飞机轰炸了宁海市门头的"赵源泉"咸货店，日子更见艰难，此时，版税也没有了。在这样艰苦困难的情况下，吴素瑛只好卖东西，大眠床、衣橱、天花板的原材料，陆续都被卖掉了，换钱养家。而精神上要承受的压力和痛苦则更甚。丈夫被反动当局杀害，社会的眼光将是何等的阴晦？那时候，吴素瑛忍气吞声，连大街也不敢去走，不愿去走。柔石的好友王育和曾几次来看他们，心情总是那么的沉重。一直到解放，孩子长大可以自立了，苦日子才熬到了头。解放后，年过半百、两鬓染白的吴素瑛当了县人大代表。她依然勤俭朴素如旧。1971年11月她去世，安葬在城南风景秀丽的跃龙山。这在当时，非烈士家属的特殊身份是难以做到的，这也是对她操守一生、负重含辛的一种安慰吧。

不做自己不愿之事

1922年的柔石，才21岁。21岁的柔石的心志已经很高了。他在5月30日的日记上写了一句自己拟的格言："愿你成就你心要做的事。"这句很平常的话，一旦立为格言，就显得不平常了。什么是"你心要做的事"？那就是自己愿意做的事，自己喜欢做的事，而在当年，包括当今，还有多少人在做自己不愿做的事，做违背自己意愿的事？真是难以道尽！做自己喜欢的事，是一种志气，一种抱负，一种理想的实现，是人格的健全，人生价值的体现；是对意志的考验，是行为的准则。柔石的一生是实践了这句格言的，他用自己的痛苦和欢乐大写了一个"人"字。

16岁那年，柔石去台州中学（当时称"省六中"）读书，这并不合他的心意。离家有180里之遥倒是次要的，最使他难受的是学校的风气简直不成样子。教师教书十分马虎，学生学习草率随便。这对求知心切的柔石来说，无疑如同冰炭不相容。当然，他未必知道此时的"省六中"被操纵在当地一些恶势力手里，他只知道学校时常唆使一些学生参与社会上的派别殴斗。他反感。他抵触。他只能辞学回家。

17岁的他,该去做什么呢?人生道路面临着严峻的选择。

他终日沉默,郁郁寡欢,百无聊赖,心神不宁。

一天,暮色染暗小城的城廓时,关好店门回家的父亲与柔石的一位老师相遇了。

"听说平福休学了?"老师问。

"是的。"

"您总得让他读下去呀,他在班里是佼佼者……"老师的语气中流露出几分关切和惋惜。

"到哪里去读书好呢?"父亲的眼前也是茫然一片。

"你不能让他上师范学校吗?"老师尽力地为他的父亲出主意,"去报考省立第一师范吧,官费的,毕业出来可以教书。"

教书?这个主意让父亲意外地高兴了。在教育并不普及的当年,做个教书先生虽然清苦,却是受人尊敬的。

这段对话,是柔石的妻舅吴文钦后来回忆起来的。坐在暖暖的冬阳里,天井的一角,他与我细细地叙述。果然,柔石去报考了,并以优异的成绩上了榜。

父亲高兴,全家都高兴,17岁的柔石也高兴。17岁,毕竟太年轻了,对人生未来图景的勾勒还太朦胧。

年轻的柔石"跳出大山的包围"来到"浙一师"后,顿开眼界,在关注个人前途的同时,也开始思考社会的出路。"教育可以救国",是他最初信奉的主张。1921年11月20日,他给他的哥哥写信说:"故现今中国之富强,人民之幸福,非高呼人人读书不可。教育能普及,则无论何事,皆不难迎刃而解矣。"为此,他曾作过多次的努力,设法改组宁海的县立小学,打算在宁海创办初级中学,以及后来在沪杭线上奔波,欲与友人筹办中学,直至后来回到家乡,执教于宁海中学及担任县教育局局长,都可以看作他的"教育救国"思想的具体实践。

但是,人是一个复杂体,思想与行动也常常会发生矛盾。父亲没有想到,柔石的哥哥没想到,也许连柔石自己也没想到,他自己是不愿去当小学教员的!甚至也不愿当中学教员!这个近乎执拗的想法是随着岁月的推移,漫长的五年的"浙一师"读书临近结束时才越来越强烈起来的,并一直贯穿在他以后的生涯里。

师范毕业前的六个星期的实习生活,是柔石对当一个小学教师抵触的最初时期。

1923年4月16日的日记云:

五年学校的课本生活,已经解脱了。插翅般的光阴,在眼前飞过。五年?五年了!拿着书嗒嗒嗒的走到教室,静听先生的说是、是、非、非,在中等(学校)可是算

柔石在"浙一师"求学时自制的音乐讲义和几何作业本的封面,简洁而雅致。

将破茧的飞蛾了。接着,就似一鞭教鞭,驱我们到小学校教室里去,叫我续着过牧鸭样的生活。何等的刻薄,何等的枯干!虽还待三天后亲尝,但我可预想这六星期的实习生活——小学教员生活,是使我的血液将渐渐干涸。近日来,正为着这件事,闹得脑里的花都收闭了,也想不清以后的时日。

对于实习生活,柔石本来就消极被动以待,不料,出发之前,四个朋友同组实习,竟两个患了肺病,另一个得到"失去羽翼的消息"——大概失了手足什么的悲伤事而不能到来,柔石真可谓"茕茕孑立,形影相吊"了。实习生活过了没几天,他便发出了"我的精神时时好像在几十个儿童环绕叫哭之内,我醒后的第一秒钟很冲动要去辞职了"的感叹。

5月2日的日记,他记道:

柔石(右)在省立第一师范读书时,与同学王友南合影于杭州。

决定不愿做小学教员!自己如盲人一样,反而夜郎自大的走上讲台,信口雌黄地以为教导小学生,实在不应该,不应该!……头部热,小学教员不愿做了!

其实,以柔石的才学当一个小学教师是绰绰有余的。只是他不适应,不喜欢。而现实又离他的理想太

1921年5月,柔石在省立第一师范读书时,宁海旅杭同学会成立,这是会后的合影。中排左起第七人为柔石。可以说,这是当年走出家乡的一批精英才俊。

远。他想继续去读书,更想到国外去深造;他喜欢文学,"一边读书,一边作文,颇自得有趣",做一个有思想的学问家是他最憧憬的人生方式。但现实不许可,他得面对生活,他得吃饭过日子。他上有老,下有小,他得面对家庭。不可解脱的矛盾重重地、苦闷地交织在他的身上。他非常清楚自己的双重心理近乎变态,"有时呢,觉得自己渺不可言,在轻尘中飞荡,实在毫无意义,而且目不能及父母,言不能聆爱人,微乎渺乎,我之为我,实也如无!有时呢,则扩张到无限大,穷宇宙所不能盈,所以又处处时时似宇宙不能容我,而我竟无容身之地。"(1923年6月10日日记)

柔石毕业后的选择是去报考国立东南大学。结果失败了。报考的人多,录取的人少,还有营私舞弊现

象。柔石深深感到理想受挫,他把愤懑发泄在散文《死神的翅膀好像在头上拍着》中:

记得四周都是景色。山,聚翠的;水,扬波的;花草,娟好的;虫鸟,疼爱的。现在,齐成了魔鬼的俘虏,幽囚在铁门铁壁的地牢中!美的髓液被吸收尽了,代替着的不是骄横暴戾地蹲踞着,就是阴险诣媚地诱引着,不是无妻的凶棍,就是多夫的妓女,一个个骗人们到奴隶的死国。……

柔石不能接受小学教师的选择,第二个时期的反映是他在杭州当家庭教师。

1923年9月,落第归家的柔石应聘到杭州葛岭附近的应溥泉家任家庭教师。按常理说,在西子湖畔做有钱人的家庭教师,生活是舒适的,明亮的电灯光映在雪白的墙壁上,三餐的膳用又是好的,柔软的被褥令人温暖,两个孩子也聪明活泼,对于无所追求、乐于安适的人来说,夫复何求?更何况主人曾留学于法国,是个博士,空暇时还可以向他学学法语,也可以写写文章。

然而,柔石没有满足,没有兴趣。

他不愿自己是个"眼前主义者"。所谓"眼前主义者"是抛弃了将来,绝断了希望的人。他不肯。在应家,他整天只能和两个孩子打交道,谈一些无聊的应酬的话,岁月相差,心路各异,12岁和9岁的姐弟俩,怎能与柔石进行心灵对话?柔石感到空前的寂寞。夜深,他站在窗边,俯着栏杆,眺望着远天若明若晦的星星;清晨,听秋雨滴滴沥沥落着,他的心便摇曳出同秋色一般的幽秘来。他在日记体的作品《无聊的谈话》里写道:"实在,这样椅子,于我不适合,恐怕因为太软,正要推翻了去找那岩石砌成的坐着。但又茫茫何处呢?无可如何,还是永远去兀然立着,做个古庙厢旁里底菩萨。然而体弱的我,又难化筋肉为泥木!……"他不喜欢舒适而无聊的软椅子,宁愿坐硬石般的椅子,但又没有,只好站着,然又吃不消……柔石就处在这样痛苦而矛盾的心境中,无可奈何。

1924年初,经妻舅吴文钦的介绍,他到慈溪县普迪小学教书。由此,便有了他对小学教师又一次的抵触和反感。

1923年6月,柔石毕业于"省一师"。这是他的毕业留影。照片后面留有他的手迹:赵平福,年二十二岁,浙江宁海人,浙江省立第一师范学校毕业,通讯处:浙江宁海城内赵源泉号收。

"我又漂流至此了",他在日记里伤感地写着,为食物所引诱,为生活所逼迫。"仍是消磨在一群不美化的穷而怜的孩子队里,尝非我的不自然的书本粉笔和教鞭的滋味。我真是烦恼而抑闷!啊!这种非我愿的强迫,我得告诉谁呢?……小学教师,我真似吞石般的苦楚而难下咽了!父母西哥等不我明知,而明知我的朋友们,又无能为我力,因为他们的被压迫也和我一样。天啊!我们

1923年9月,柔石应聘到杭州葛岭附近应溥泉家任家庭教师。柔石在日记上写着:"秋雨滴滴沥沥的落着,正如打在我的心上一样,使我的心摇曳出和秋同色的幽秘来。实在,这样椅子,于我不适合,恐怕因为太软,正要推翻了去找那岩石做成的坐着。"到年底,他终于辞职回家。两位天真可爱的学生,倘活到今天,也该是耄耋之年了。在他们的记忆里,还有这片幼时的影子吗?

只有仰首长呼……"你看,教书生活在他的笔下,变得如此枯燥乏味,像受罪一样:"早餐后,心头就发闷了,就厌烦了,朝会的叫子,吁,吁,吁,一声声叫来,竟似粗大的索子,来捆绑我的灵魂一样;上课钟一打,意念就完全灰了,无谓的纠缠,不美化的孩子们的胡闹,不自然的功课,简直这半天似监狱里被鞭挞一样。"(1924年7月9日日记)

柔石不断地记写着日记,抒发着内心的痛苦,他的

文字很好,很优美,带着创痛和忧伤,行文如流水,不妨再摘引两段,可知其时柔石之心情:

刀是不利,手枪又没处借,投河,又禁不住腿之战抖,硝酸又饮不下去,只有照照镜子,四颗没神采的目光,两相无力的窥视,苦!苦!(6月4日)

假如我的心是一块冰,那冰也有消溶的日子;假如我的心是一块铁,那铁也有锻炼成钢的可能;假如我的心是一块石,那石也有雕琢的祈望。……独有我的心哟!是和死一样腐败了!……我只自哭罢了!(6月29日)

这些忧伤的文字真实反映了柔石当年找不到人生出路的悲愤心情,也是他不愿意当教师,特别是小学教

当年的普迪小学(慈城内)。柔石曾在此执教。

师的一个注脚。直至后来他找到了鲁迅先生,在先生的身边安居下来,使得"一边读书,一边作文,颇自得有趣"这一梦想成真,他还给他的哥哥赵平西写信说到:"教书实在是读书人的下策。教书给你教五十年,还有什么花样教出来?到死还是教书先生罢了!"(1928年10月25日给西哥的信)

我们现在来读这些言辞,当然不能用现在的价值观或"当人民教师光荣"之类观点去要求柔石。他离不开时代。我们尤其能感到,柔石当年的痛苦心情是与黑暗社会使他不能一展抱负有关的;还有,在文字的背后,也隐藏着他与父母、家庭以及哥哥、妻子并不理解他的抱负而构成的冲撞。作为一个作家的柔石,他的心路历程是艰难而又合理的。至今读起来,我们感到的是一颗有抱负、不甘向环境屈服的灵魂。

早年的柔石也曾有悲苦的心情,也曾"非非作出世想"。他把"九曲居士"的篆章,钤在李叔同字轴题记的落款后,此幅照片又身穿僧服。这一些是否隐约显出内心曾有的一线欲念?或是他一颗诗质的心灵之外化?

亲爱的朋友昌标君：

你与我见过你的母亲和你爱人弟弟吗？你已很使乐的安居在家里么？

……，家庭的爱，足以将你的二个月的血痂的一部分医好么？我信相天帝待我青年作的善的，义一样时我们的幸福使贵的，我的爱友，你的近况是否好呢？

已借中国别之力，你的病已可好了！

陪伴起家後，我的一部分灵，确也伴你於诸贤……

柔石二十章

这是1923年6月3日柔石写给陈昌标的信。

从那将青年锁的屋裡，思不是母新来回的屋呵。而且不远一位慈祥的母亲，一位热爱的妻子，个话搭伴他的弟。这时来到那屋裡来，我那心中的宝贝，一是我的一个沙发，我的眼呵，白见到，一周我的心命地叫些，她也不停地呐喊的竟见而反抗的家庭的爱的刺果我久的呼喊的结果呢？我的那老房全坏了，他五得到外面来幹些什么事，我的灵，一部分之回身了，现者也

柔石 二十章

慢要了，因为我和你可以见面了。

日子是一天一天地过去，听着我的心上是一链一链的擎着，唱楼呀，我坐在我的心田里，听你们随风飞舞——

柳絮，逐上逐下逐曲，完完不知道房子里！

水鸣呀山鸣呀，拉投推的，还是永远而不移向，直至今

自况还是无样物的粗上同级的朋友，多一夕一夕难校了，坊如说「我们还保能见面罢」，坊如说「五年的围

练完了，我们说不定这万是我们人去再的胜利

了。"她的话,我仿佛从冬雨中窥到的阳光,烟还有我们的很美好的前面吧?"她这话,也让我也不愿去想,因为回想过去,更是难色的,即便我们的未来是怎样呢?我说想,我的朋友发病好了,我们很好见,西窗同挖,那久同住的日子的,暂时隔离,房人的社会是不够事实的,即便那天我的朋友逃家出走,早些好了,好多我们见面的日子早过了。下笔至此无以再论,未知那方居东南方学班,一个人形那坑不甚深的地面上，雖毫無乃世窘冷，但我也代他是吃毒痛，當時雖告的心也以也僞為我的反对。立刻不推我入進那坑地裡，我又不知那躲到何處已？母塞的出山，便如何我義々那有同道，我四顧克的心快黑的，不幸，很孤寂的一夕人，我又將怎樣呢！是理是法定所新會辦事，俄功相吉地方，康心完完吉知急樣的。貿幸此接戏主定，這天帝待我们俄先柱的，早秋

连日之传彩信失望、

近几日来，身体疲倦的不得了，心里也凹凹的，腰部一样。功课又破十个损[备]，到现在也[还]用[不]着自己的身体去硬[拚]！

刻刻勉以[过]正常生活，因为精神稍若[差]就[会]觉[得]分之不能执笔，只好告你这封[信]也是[作]罢。

下午上[着]首言

慈湖之访

清明过后,阳光开始灼热起来,约了几位朋友去访慈湖。

慈湖在宁波市江北区的慈城镇。1924 年,柔石在慈城的普迪小学教书,他常常喜欢去慈湖。他的书声、歌声、笑声,还有叹气声都撒落在那泓清碧的湖水里。我去访慈湖,当然也想去访访当年的柔石。

柔石其实是讨厌做小学教师的,他甚至一听到上课的钟声,脑袋就会发胀,胀得如同磨盘一样。但是,为生计所驱,为衣食所迫,他只能从非所愿。"早餐后,心头就发闷了,就厌烦了,朝会的叫子,吁,吁,吁,一声声叫来,竟似粗大的索子,来捆绑我的灵魂一样;上课钟一打,意念就完全灰了,无谓的纠缠,不美化的孩子们的胡闹,不自然的功课,简直这半天似监狱里被鞭挞一样。"柔石如此描述教师生涯,可见心底之苦了。那一年,他的日记涂满心灰意懒,处处是悲观失望,自怨自艾:"我堕落到这地步!我料定有大难临身,重重的病症的羽翼仿佛在我周身扇闪着!一垅新坟,我也明白的在梦中安睡过了!……该死的我,真该死了罢!"(1924 年 6 月 12 日日记)心情真是坏到了极点。

风情万种的慈湖公园,在柔石的笔下,成了世外桃源。

(沈国峰/摄)

但是,也有使柔石舒心惬意的事,那就是去游慈湖。有一天,他又心烦意乱了,不知所措,这时候他忽然想到了慈湖,顿时心境如云散开,"好了,平复,安心,不要说罢!明天可到北门外慈湖去一趟,伊是人们的镜子,你可瞻你自己的容仪,究竟是怎样的一个……""向秋子长空去看看鸢飞鱼跃罢",他安慰着自己。

慈湖是慈城的一双明亮的眸子。一条长堤把全湖划成东西两半,春水盈盈,微波杳杳,映照着慈城的青山绿树,蕴蓄着慈城悠久的文化历史。说起它的来历,就要说到南宋哲学家、教育学家杨简,他于慈湖,恰如白居易、苏东坡于杭州西湖一般,有着一段难解难分的情结。

杨简(1141—1226),字敬仲,谥文元,慈城人。南宋孝宗乾道五年进士。历任富阳主簿、绍兴府司理、国子监博士、宝谟阁学士等职,一生博学,著述丰厚,自成心学理论。从政期间,他在湖畔筑室讲学,弟子如云,蔚成风气。他借汉时孝子董黯汲大隐溪之水侍奉其母的典故,称大隐溪为慈溪,改原来的普济湖为慈湖,并以自号,慈湖之名,由此改定。

慈湖原名阚湖。相传三国时,东吴太傅阚泽曾在阚峰之下建"普济寺"并在此讲学。到了唐朝开元年间,县令房琯开凿挖湖,选在寺院之南,便是现在的水色潋滟之慈湖了,当时称的是阚湖,又称普济湖。杨简对慈湖情有独钟,曾有多篇咏湖诗作,77岁时,他写的那首《丁丑咏春偶成》(二首之二),很为后人传诵:

　　天造慈湖迥出尘,无冬无夏只长春。
　　四山桃李围新锦,一邑风光让绝伦。
　　涧水檐旁谈妙理,山禽柳外说天真。
　　杏坛无限难传意,付与凭栏寓目人。

柔石虽然不愿教书,满腹才学的他对如此有名的慈湖却是心驰神往的。他在1924年7月10日日记中记叙道:

夜间七人去游慈湖,——我因为半载不知水月之味,所以虽半圆明月,也愿去享受一点。带去的有白酒和茴香豆。出小北门绕转小路,见萤光点点,深草丛丛。至师古亭边的桥上,清风从东边吹来,白云飞向西边去。潏杂的顾念,也飘流殆尽。我默默地仰看半月,隐隐里好似嫦娥姐姐招呼我。我想飞，但没有插着翅。呀，嫦娥姐姐呀！我愿赴水底而抱吻你。九时，向大北门返校。此后决愿破功夫，夜夜早些来。

他又在自传体的作品《生日》里这样描写慈湖：

苍穹更展开它宽阔的怀抱，大地吐着媚人的颜色——绿的水，青翠的山，疏散的堤边杨柳，金黄色待割的禾。他走向翠桥底石栏杆边，坐下。口子吮吸着好像鱼吸水一样，这时他好像和阳光接吻。他回首望望城墙的危圮，耳又听到隔岸的捣衣声，想象他自己是一个落魄的英雄，一边就记起了数日前读了的陆放翁作的一首《秋思》来。他不觉低声咏吟道：

日落江城闻捣衣，长空杳杳雁南飞，
桑枝空后醅初熟，豆荚成时兔正肥。
徂岁背人常冉冉，老怀感物倍依依，
平生许国今何有？且拟梁鸿赋五噫！

一幅又一幅优美的慈湖山水就如画图一样，出现在他的笔下。旧文人寄情于山水的情调在柔石的身上同样体现得十分突出。一瓶白酒，几粒茴香豆，边吃边聊，品水月之味，听天籁之声，便是欧阳修"醉翁之意不在酒，在乎山水之间也"的境界了。

我和几位朋友穿过湖中的长堤，跨过彩虹桥，到了师古亭前。这师古亭位于湖心，恰如一颗明珠，招四方游客到此小憩。清风徐来，四野悦目，真是休闲的好去处。当年柔石他们也曾坐在这里的吗？就在这里喝白酒吃茴香豆的吗？想来是的。只是这座建于清朝乾隆三十七年的古亭，现在已修缮一新了。当时的县令叫胡观澜，他疏浚慈湖，建亭湖上，取名"师古亭"，为了缅怀纪念杨简那些先人，为慈湖，也为慈城书写了一页页灿烂的文化。师古，既是"思古"，又是"师于古"，实在是个蕴意深长、韵味十足的好名字。难怪这块风水宝地历代以来，竟会涌出519名进士，堪称江南一绝。由此想到，杨简老先生的精神真是不朽了。现在，慈城人正在全力提炼慈城的文化精神，建设独具特色的江南名镇。一大批历史文化名人与慈湖一般闪光。柔石也应算作一个吧。

慈湖上的"师古亭"，集聚着丰厚的历史文化，可谓人文、自然两佳。柔石说："此后决愿破功夫，夜夜早些来。"

（沈国峰／摄）

碧波荡漾的慈湖，曾使柔石流连忘返。

（沈国峰/摄）

从柔石现在保存着的日记看来，他是非常熟悉了解慈城的。日记里多处留着他在慈城各处游访之踪迹。除了慈湖还有普济寺、永明寺、孔庙、西辕岭等处。慈城四周有山，多产杨梅，杨梅成熟季节，柔石便和同事一起翻过西辕岭去摘杨梅。这一路山野自然之景便被柔石描写得极具趣味。"我们购得三十四个铜子的杨梅，放在路穿流水的遗道上，大嚼起来了。天气荡吾心魂，一丝尘俗不染，个个都手舞足蹈了。"

我们也沿着西辕岭走了一番。灌木丛丛，满眼青绿。石阶很干净，风雨的侵蚀，岁月的搓揉，光滑处显出亮色来，只有那一道道深深的裂纹，像老人脸上的皱褶，里面一定嵌着很多故事。比如，当年柔石坐在这里，与同事们大嚼杨梅，谈笑风生，而此时来了一过路丐妇，同情之余，施以铜子的轶事……

普迪小学现在已做了一个什么农技学校的学生宿

柔石二十章

舍了,走进校门,可见当年学校之格局尚存。教室、寝室、办公室,有几排平房,花圃、操场、院落,显得有些落寞。岁月沧桑,几度更迭,消失了好多当年的旧貌,偶尔也会发现一些历史的残迹,比如屋檐的雕饰,木柱的石础,天花板的条子,而最使我为之寻找的那个院落中的牵牛花棚,绿叶树下红花畔,大概是无法对号入座了。柔石于教学之余,最愿意与同事坐在这里了,7月3日的日记有记:

乐极了!晚餐后,牵牛棚下,十位同事聚坐着,自由的谈,任情的唱,互相了解的说些个人经历的不平,真是小学教师最高的清福。大大小小的星辰,从隐隐里的天空,一颗一颗的明现出来。我们所坐之四周的

柔石当年走过的西辕岭小路。1924年7月6日记云:"五个同事——连我自己——和一小学生,决定过西辕岭采摘杨梅。……我们购得三十四铜子的杨梅,放在路穿流水的遗道上,大嚼起来了。天气荡吾心魂,一丝尘俗不染,个个都手舞足蹈了。……"

(沈国峰/摄)

房里,点起荧荧的膏火,光从窗中出来,穿过牵牛绿叶,影映缤纷的在我们身上跳舞,微风动荡着白衣,演现出我们如绰约的仙子。神不自主的嚼着杨梅,喝着白酒——杂陈在狭长案子(的)白布上。杨梅呈珍珠的色光,白酒翻琼浆的馥郁,身正悠悠然羽化,在翱翔缥缈乎八荒之外,流览四极之所穷。舒哉!畅哉!不知前乎此而为者为何事,后乎此而来者为何物?清清净净浩浩茫茫,真美乐哉!忽闻寺里钟声起,不知黄昏之二更。

慈城小学之一角,木柱石础,花草绿叶,尽是沧桑。

　　生性喜爱自由的柔石,只有这个时候,才是他最轻松最舒意的时候。他用优美的文笔,为我们描述了一幅安闲恬静的消夜图。花圃,灯光,杨梅,白酒,自由地说,任情地唱,可谓舒心惬意之极。更有明月之夜,一经出现在柔石的笔下,如诗如画如歌如舞,美妙极了:"我不愿有白天,我单愿有有明月的凉夜。在白天,我只觉是一团的紊乱所吹发的烦恼郁闷之热气,使头昏,使心乱,使我唯一要怔忡而返后。在夜哟!如今夜般明月的光辉清澈万表,绿荫树下红花畔,情意阑珊地眠着,忘记了过去,想不到将来,只简简单单的咀嚼着舒适清凉之眼前花月之美味,纯纯粹粹的一个'我',何等痛快哟!"

此时的柔石,真的把灵魂的烦躁和灼热,转化为清凉了。就这样,柔石半是痛苦于小学教师的琐碎,半是纵情于慈湖的山光水色,在普迪小学生活了下来。

这时候,学校发生了一个大事故:

这普迪小学,原是乡贤秦润卿办的。秦润卿,名祖泽,号抹云老人。据说,这是老先生为追念先祖秦观,取其《满庭芳》词"山抹微云,天连衰草,画角声断谯门……"而成的。如今慈湖中学内还有"抹云楼"藏书之馆,沾染的是宋代大词人秦观的文气。秦润卿出身贫寒,艰苦创业,后来竟成了享名上海的金融巨子。1915年,他创办普迪小学,意在普及文化,启迪民智,故名"普迪",学校办得很有规模。但他自己大多在上海经营,很少回家,这学校就聘他人执管了。

1924年,当校长的是林黎叔。此公为人如何,我没有看到有关的材料。他却与柔石发生了一场大冲突。据柔石的妻舅吴文钦后来回忆,林是个恃权柄行势利之人。当时,校内有个进步教师叫钱助湘,此君年轻有为,思想进步,在校内组织了一个读书会,柔石也参加了。读书、议论,也发一点对时局、对学校的牢骚和不满。后来就有人告发到校长林黎叔那里,新思维与旧秩序自然不能相容,林因此大发雷霆,召来钱助湘骂了一顿,便将他解聘了。——这件事激怒了柔石,颇为硬气的柔石便倔着性子找林去辩论,弄得林黎叔理屈词穷,无以为对,只好逃之夭夭。柔石因此也被辞退回乡。1926年秋,他在自传体作品《一篇告白》中说:"前年在N埠做小学教师,结果和校长大闹一场而被辞退……"说的正是这件事情。

柔石在慈城普迪小学当教师,一年光景时间。此番离开慈城,从此再没来过。小学教师的生涯原本对他就是不痛快的,走了也好;而慈城的这片山水,以及慈湖的绰约风姿,却留在他的文字里,成了慈湖里的一叠波浪。当我们蹲在湖畔,捧起一掬清凌凌的湖水时,是不是也可以听到柔石的声音?

苦闷的北京城

在柔石短暂的一生中,他在北京待了整整一年,那是1925年的事。

过了春节,24岁的柔石,怀着求学的志向和对未来的憧憬,坐着长长的火车,走上长长的路,去北大做旁听生。做旁听生实在是一件很无奈的事,他曾调侃自己:"不是学生,实在算不得学生!或者依吴稚晖先生说是'野鸡学生'!"(1925年9月10日日记)但是,柔石还是做了,他的家境不允许他做一个正式的学生。父亲倒是劝过他的,让他去考北京师范大学。父亲有父亲的想法,他一直认为当教师是个理想的职业,只是他不能理解自己的儿子。柔石当然想读书,但是他必须面对现实,师范大学要读六年之久,家中有老有小,有妻房,老是向西哥去要钱,总是一件难以启口的事。因此,他否定了父亲,也否定了自己,"断难遂愿而毕!"还是委屈自己,做做"野鸡学生"吧。

北京是诱人的。大凡初到北京的人,都会感到皇家之气逼人。用柔石的话来说:"京中景色非同小可,堪供青年游憩。中央公园已去过,北海滨、景山麓也带便看了,实在雄壮!"虽然天气变化多端,昨日还春风动

北京大学旧址。1925年柔石在这里做旁听生,听鲁迅先生讲授《中国小说史略》。

人,今天便已白雪满地,有时候还有沙尘暴的光临,但对久居江南的柔石来说,也算耳目一新,奇事一桩,"江南不能值"。

他住在孟家大院(今金丝胡同)通和公寓。在至今留下的手迹中,文后都有孟家大院之落款。我在北京求学时,也曾几次想去这个"孟家大院"走一走,重温当年柔石求学之情境,而终于未能得。当时与柔石住在一起的是他的老同学又兼同乡的邬光煜。邬光煜即邬逸民,1927年时曾任中共宁海临时县委书记,解放后蒙冤自杀,说起来令人感慨!住在柔石隔壁的是"浙一师"同学潘漠华和冯雪峰,也是当年的风云人物,曾结社"湖畔诗社",也是各有一部悲壮的历史。冯雪峰的遭遇对于我们是太熟悉了。潘漠华,1927年入党,一直从事革命活动,1933年任中共天津市委宣传部部长时被捕，次年12月绝食，牺牲于狱中。这就是一代知识分子追求真理，向往光明，投入革命所走的道路。当时，柔石与同乡同学共居一处，当是一种异地的安慰。

当然，最使柔石得到安慰的还不在于这些，是他听到了鲁迅先生的课。快乐是一种感觉，每个人对幸福的感觉会不同。有的人会因为山珍海味而幸福，有的人会因为听到智者讲授的一堂好课而即使青菜淡饭也幸福。此时的柔石是感到幸福的，他写信给亲朋好友叙说这个幸福。多少年后，他的妻舅吴文钦与我坐在冬日的阳光下，回忆当年柔石的幸福，是用这样的话说的："他给我写信，说听了鲁迅先生讲授的《中国小说史略》以后，真是平生之乐事，胜过十年寒窗！当时，大礼堂里人头攒动，济济一堂，连门外窗外的走廊都挤满了人！"现在的柔石藏书中，还有两本鲁迅著的《中国小说史略》，其中一本是北大一院新潮社1925年2月的再版本，书后有"平复，北京"四个字。当时鲁迅讲文艺理论，曾以日本厨川白村的《苦闷的象征》为教材，后来柔石在宁海中学教书时，也将《苦闷的象征》中的一章《创造生活的欲望》选为教材，作为自编的《国语讲义》中的第一篇。可见鲁迅先生对他的影响之深。

可是，这样的幸福毕竟不是柔石在北京的全部。而且清苦的生活也是有底线的。如果连青菜淡饭、大饼油条这样的生活水准也不能保证了，那就幸福不起来了。柔石在北京相当长的一段时间里都面临着这样的困境。

此照摄于1921年12月,时在"浙一师"求学。前右一为柔石(赵平复)。

1925年6月,柔石在北京读书时,在照片后写有这样一段文字:

十四年六月上弦志此影摄于民国十年十二月望日,时以乡友而同室故也!后未及一年而叶君病殁于家之噩耗刺入吾之心脏矣!叶君之症伤于肺,然再一年而仁君亦以肺症死矣!时吾执戒尺于四明,闻耗后,悲不欲生,遂请假至沪上而杭州,非非作出世想。然更不料黄君亦踵仁而归西矣!呜呼!摄影至此,未及三年,而离我去者今相继三人矣!吾悟矣!后五年吾岂能尚于人世耶!

字里行间,透出浓重的悲观气息,这种心情正好与北京求学时的困境相印证。

魏金枝在《柔石传略》中写道:"当时,他和其他一些旁听生如潘漠华烈士(也是一师同学)等等住在北京大学附近沙滩一带的小公寓里。大家都是穷学生,又是追求光明的人,你有钱就用你的,我有钱就用我的,简直难有你我之分。但大抵总是没钱的时候居多,那就只好买几副大饼油条充饥,因此常受公寓老板的白眼。他们老在附近几家小公寓里游转,从这家搬到那家,又从那家搬到这家,搬来搬去,周而复始。他们自己固然不以为怪,连公寓老板也只好对他们摇头叹气,无可奈何。"

这是魏金枝说的,它当然可以印证柔石在北京的困苦,然而如果我们再去读一些柔石自己写的日记、信件之类,那个感觉远远不止这一些,会让人心酸得多。

我们现在可以看到的留存日记只有三篇,且两篇很短,寥寥数字;信件倒有六封,其中两封是写给哥哥平西的,四封是写给他最要好的同学、朋友陈昌标的;

还有不少的作品,其中有些是自传体的散文。那时候,他写得很多,日记也一定不止这几篇,可惜都散佚了。即便如此,还是让我们看到了柔石在北京艰难的处境,甚至是窘境,是绝境。

他原想卖文为生,带去了第一本小说集子《疯人》,还是他自费出版的。或者他想找点什么抄写、校对的事做做。结果呢,文章卖不出去,打工也难,因此生活就成了问题。哥哥偶尔也寄些钱给他,而他"买书之欲又炽",常常闹得身无分文,囊中羞涩!不用说付不出旅馆费,连买大饼油条的几文铜板也无处着落,有了上顿就没有下顿,而且又常发胃病,"明知病象已深,终无意加护",真是贫病交煎了。

我曾经读到过他的一部手稿复印本,为日记体的随笔,题为《前记》。解放初(1951年8月31日),柔石的大儿子赵帝江把珍藏在家里的包括近两万字的《前记》在内的珍贵手稿捐献给国家,由文化部艺术局收藏。经手人为黄肃秋。《前记》记叙了柔石在北京遇到的困境几乎无法想象。8月17日那一篇记着:

> 生活呀生活,你简直是我的仇人,我真不要你了!……
> 晨间起来,摸身边铜子,只有九个。就是今天吃惟一的一餐,也最少要十八个。六个馒头,二个铜子一个,要十二个铜子;六个铜子的酱,或者买四个铜子的白糖,最少,总要十六个,唉!我的九个铜子怎样分配呢?天呀,我一餐又如何使得呢?肚饿如老虎来吃肉一

样没人情而苦痛难受！生活呀，我真不要生活了！……

10月8日记着头一晚发生的事件，他和P君（是潘漠华？）走进了一家小饭店，寒酸地点了一盘青菜几只馒头，坐在那里干涩地啃着。而此时，他的邻桌，坐着有钱的五个女学生，正笑语盈盈，吃着鸡鸭鱼肉，铮亮的刀叉插在油光光的红烧鸡的背脊上，发出诱人的光芒，那红烧鸡仿佛活动起来，朝他走来……他忽然失态了，摇摇晃晃地站立起来，把桌上的盘子碟子乒乒乓乓摔个粉碎，引得邻桌的食客们以及店主人个个转头相望以为发生了什么事情，他们面前的他是一个疯人？赔了盘子碟子的钱，他跌跌撞撞回到寓所，躺在床上，蒙头大哭了一场，P君坐在床前只是安慰。P君说："……你何苦要常受外界无谓的刺激？""虽然我们是被摈斥在幸福之外的人。"此类文字记述充溢在他的北京日子里。"这实在比死还悲哀！——世界已经没有我的份了！阳光所照耀的白昼，青葱的林木所遮护着的大地，已消失了，我没有存在的资格了！"（9月29日《前记》）

他给好友陈昌标的四封信里，第一封报了平安，而后的三封言词竟逐一激变，第二封是"心酸泪垂"，第三封是"长歌当哭"，第四封是"无泪可挥"了。面对"人间如地狱"，他曾几次"想投北海"，"在孤寂中死矣"，终"以吾们不能立刻就死"战胜了自己。

于是，他在《诅咒》中发出诅咒：

社会所需要的,是虚伪,是谄媚,是欺诈,是凌侮,是自欺欺人,是以暴易暴,什么美呀,喜呀,恋爱呀,幸福呀,都是戏剧上的白脸和小丑!他们一边用高压的手,压制谁有光明的愿望,一边又用背后的手,指示你向无聊和黑暗进行……社会所需要的我没有,我所要求的,社会又不能供给。诅咒社会呢?忏悔自己呢?诅咒社会!但如何诅咒呢?不必诅咒了!

读此文,可见柔石内心的创伤和隐痛有几许的深。悲

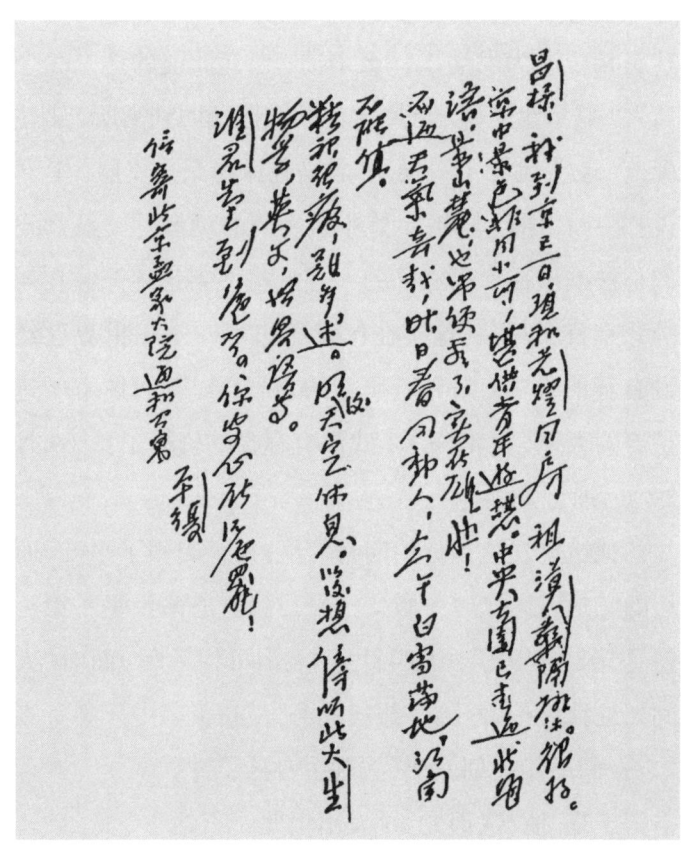

这是柔石到北京后给好友陈昌标的第一封信。

苦的柔石，固然因为贫穷，但是他的悲苦的深处是"五四"一代青年觉醒后无路可走的悲苦，是不能融入社会的悲苦，是夜半三更酒醒梦回惶惶然不知去处的悲苦！

然而，柔石不丧志。他不断地买书读书，追求学问。一次，偶然在书坊中看到清人黄仲则的《两当轩全集》（线装，共五册，外有封套），则欣喜若狂，千方百计购得而来。"继数日夜，读毕全书"，并在第一卷封里，写下一段文字。他说，民国九年读曼殊《燕子龛残稿》后，就知道黄仲则其人，过了两年，读郁达夫所著《采石矶》小说，以黄为"理想之抗世青年"，则对黄的印象更深，"先生之精灵已在吾脑中难拔矣！"因而未得此书而"引为憾事"。现在书买到了，连日连夜地读了，真是痛快淋漓。称其诗文为"纵横挥洒，美不胜致词"。他边读边圈点，密密麻麻，不胜感叹。他说黄："一腔热血，不遇于时。观当代文人学士皆低眉于功名利禄……因此其一挥一洒，靡不真情流露，成为珠玉。""人多谓先生不寿（黄才高命薄，35岁夭。笔者注），余谓人有成此十六卷诗集而若是者竟可死矣。不朽者其精灵也，渺渺躯身，何永为乎。"可见柔石对黄敬仰之深，也见他读书之深。

那时候，他也大量地写作，小说、诗歌、散文、戏剧，充满凄凉和忧伤。其中，《秋风从西方来了》，展示着他落寞的心境：

　　　　秋风从西方来了，
　　　　听芦苇的萧萧；

秋风从西方来了,
看落叶的飘飘。
秋风从西方来了,
青天遮起灰淡的云幕;
秋风从西方来了,
我心荡起辽远的波潮。
……
秋风秋风,
我将长在你的歧途中叹息,
秋风秋风,
我将长在你的歧途中呜咽。

北京是再也不能住下去了。原以为只是六年之长的师范大学无法就读,现在连两三年的北大旁听也难以为继了。他决定回家。离京之前,他作了一首题为《我去》的诗:

昏黄落日如苦油,
空中满是烟雾气。
榨我身如泥,
挖我心如蜡。
苦闷的北京城,
苦闷的世界。
我去,我去,
那绿色的海滨。

北京之行,是柔石生命史上浸透泪水的一页。生活的甜酸苦辣,让他加倍地品尝,而更加的是嚼出生命之苦来。他的胸怀和眼界大大地拓宽,他的脆弱之双肩因此而更加坚强。许多不现实的梦幻一个个如肥皂泡般破灭,苦难同时也馈赠他以清醒,造就他以坚强,成全他以文学。他会成熟得多。我在扬州曾读到扬州八怪之一金农的撰联,联曰:"恶衣恶食诗更好,非佛非仙人出奇。"柔石因"恶衣恶食",他的文章肯定会更好。只有自己饥饿过,才能体会别人饥饿的痛苦;只有自己清寒过,才能了解别人清寒的窘境。只是太委屈了这个年轻而有才华的生命。

北京回来后(1926年春),为谋生计,柔石与友人相约创办学校,繁忙地奔走于沪杭道上,终无果。那段时间,工作无着,身体不适,心情十分忧郁,文字见诸于信件、日记。直至9月,王方仁介绍他到镇海中学教书,生活方渐趋安定。图为镇海中学校园内的柔石亭。

苦闷的北京城

为未来而战
——读柔石诗《战！》

柔石在北京的一年,是苦闷的一年,是身心备受煎熬的一年。初来乍到时对这个古都的新鲜和惊喜都化成了临别的落日和烟雾。痛苦是一种造就。造就了他的坚韧不拔,造就了他的才华横溢和思想锋芒。这一年他和陈昌标有许多信件往来。陈昌标(1901—1941),字范予,又名乐我,浙江诸暨人,柔石"浙一师"的同班同学。1926年在厦门鼓浪屿任《民钟时报》副刊编辑,1928年至1930年任香港《大同日报》编辑。后从事科学教育研究工作。柔石与他在杭读书期间,结为好友,曾多次结伴游于西湖山水间,也曾去过陈昌标的老家诸暨。陈存有柔石书信多封,还有一封是柔石写给陈的父亲陈澄海的,因为生病,柔石汇去大洋25元,向伯父致以慰问,足见柔石与陈昌标的情谊之深。当时,陈昌标在上海,处境也不好,写给柔石的信中流露出自我毁灭之语甚多,反倒让在北京"心酸泪垂"的柔石来安慰他了。故有"江南河北,异地同悲"之语。实乃惺惺相惜,互为慰勉。

《战!》这首诗,可以说既是为自己写的,也是为陈昌标写的。面对自己的苦难和朋友的磨劫,他痛心疾

首,积愤难抑。这首被他称为"半篇诗"的诗,注着"赠我昌标置之座右",全诗如下:

尘沙驱散了天上的风云,
尘沙埋没了人间的花草;
太阳呀,呜咽在灰黯的山头,
孩子呀,向着古洞深林中奔跑!

陌巷与街衢,
遍是高冠大面者的蹄迹,
肃杀严刻的兵威,
利于三冬刺骨的飞雪!

真正的男儿呀,醒来罢,
炸弹!手枪!
匕首!毒箭!
古今武具,罗列在面前,
天上的恶魔与神兵,
也齐来助人类战,
战!

火花如流电,
血泛如洪泉;
骨堆成了山,
肉腐成肥田。

未来子孙们的福荫之宅，
就筑在明月所清照的湖边。

呵！战！
剜心也不变！
砍首也不变！
只愿锦绣的山河，
还我锦绣的面！
呵，战！
努力冲锋，
战！

柔石对自己的这首诗颇为满意，他在诗后还注了这样几行字：

"作此诗时系痛饮一瓶白兰地以后。末节复颇自豪，望标严刻评之。复望。"（复即赵平复，柔石原名。）又是"座右铭"，又是"颇自豪"，可见当时柔石之自我感觉还是相当好的。他在京穷困潦倒，有时连大饼油条都解决不了，当时不知从何处借到或是得到一笔钱，买了一瓶价格不会太菲的白兰地酒，痛痛快快地饮了一次，然后诗情大发，一气呵成了此诗。实在是以酒浇愁，一吐心中之块垒。后来有人评论说，柔石从小资产阶级走上无产阶级革命道路，1925年是个转折点，《战！》是一个有力的例证。

后人是心怀善良，恨不得烈士一生都光明灿烂，轰轰烈烈，其实哪里有这样简单？

柔石是同情革命、尊重革命的。但他确是《二月》里的萧君，徘徊在岸边怕浪花弄湿了他的衣襟。他在9月10日的日记中有一段长长的文字，拷问着自我："我现在究竟算个'什么人'呢？应该想想，应该想想！但实在呀，无论怎样也想不出来！……职员不是职员，工人不是工人。流氓呢？并不相似（虽则也有几分像，因为飘荡，在街头瞎走，坐着白吃饭）。都不能相似！哗！国民，中国的国民！也不是，也不是。我全没有一分国家的观念，更没有一分国民的责任。五卅！五卅！别人的血是何等沸！而我却没有帮他出过一颗汗过！什么爱国团，示威运动，国民大会……和我全是风马牛不相及！他们结队呼喊着走，而我却独自冷冷静静地去徘徊，好似亡了国，都不相干似的，我好算国民么？惭愧，惭愧！……"

尽管辛辣的自嘲中泄露出他对革命群众运动的同情和颂扬，但更多的是负疚！他为自己未能投身火热的社会斗争而负疚！

那么，写于这段日记之前——7月8日夜——的《战！》袒露了什么？

柔石从一个多愁善感的知识分子走上革命道路并为其献身，他的一生在性格上始终闪耀着反叛的光辉。于家庭，他不愿听从父兄的劝告去经营生意，过随遇而安的日子；于职业，他不愿当一个小学教师；于婚姻，他显得心理更复杂，行动更矛盾，欲罢不能，欲就不从，终于去寻

柔石二十章

找新的爱情；于家乡，他爱之越切，恨之也越深，以至终于出走，不愿再回来了，这一切都可视之为一种反叛。而在这一反叛性格中，最光辉、最强烈的体现是对黑暗社会的反叛。他身后留下的大量遗作，无不明证了这一点。

《战！》是昂扬的，这是对北京苦闷的冲破。积蓄得愈重，喷发得愈烈。柔石诅咒军阀统治下社会的黑暗，愤怒由于战争造成昏天黑地的悲惨景象。面对尘沙埋没了花草，面对肃杀严酷的兵威，面对灰黯呜咽的太阳，面对高冠大面的蹄迹，他要做一个醒来的"真正的男儿"。《战！》是激越的，它一反作者的那种缠绵悱恻、悲苦哀怨的低调，用激越的音符奏出生命的强音！他期望着明月清照的湖边，筑着福荫之宅，锦绣的山河有着锦绣的面容。他希望自己的精神与过去有个大决裂，他更希望他所生活着的社会成为美好的乐土。这种既是个人的又是社会的反叛精神，使柔石

镌刻在上海龙华烈士陵园碑林里的柔石的诗《战！》。由书法家刘艺书写。

104

的精神获得了提升。虽然他还不明白,他该努力冲锋在哪一条道路上,但是,决志摧毁旧世界却是明确的。他以此自勉,也与好友陈昌标共勉。正因为他有如此坚强的战斗和反叛的决心,才有他后来对革命道路的选择;或者说,他后来为推翻黑暗势力、拯救民族苦难而英勇献身,正是当年立下战斗誓言的必然实践。

这首诗原拟在应修人、潘漠华主编的《支那二月》上发表,后因该刊被迫停办而未及刊用。1960年3月《诗刊》第一次公开发表。其末节现被镌刻在上海龙华烈士陵园的碑林里,由著名书法家刘艺书写。

柔石在北京写给陈昌标的第二封信。

恩格斯说过:"义愤造就诗人。"1930年,在中国的诗坛上,殷夫等左翼诗人创造出红色鼓动诗,一时成为新诗的主流,在当时曾经产生过强烈的战斗作用。这类诗的风格鲜明,节奏有力,甚至采用了大量口号式的呼喊,鲜明地区别于其他一类新诗。柔石的这首诗,可以归入这一类。这是时代的产物,我们总不能以现在的艺术审美标准去丈量它。相反,在那个时代,谁又能否定它的艺术创新之美呢?

柔石做官

文人做官，各有其人。有的人勤勤勉勉，不忘根本，他的学识正好发挥作用；有的人呢，地位一变，脸也阔了起来，昔日那种"穷酸"抖落一尽，官场那一套世故学得滴水不漏，昧着良心做事，摆着架子待人，还有的一心往钱眼里钻，所谓"三年清知府，十万雪花银"是也，旧时便有贾雨村之类的人物。

柔石也当了一回官。1928年初，他当了宁海县的教育局局长。柔石为什么会当这个教育局局长呢？说起来，有一段背景。1926年夏，一群赤手空拳的进步青年回到家乡，先着手组织消夏社，办补习班，接着开始筹建宁海中学。其中的一些骨干，都是共产党员，如蒋如琮、范金镳、林淡秋、王育和等人（后来还有许杰等人），并秘密地成立了宁海县的第一个党支部。经过曲折努力，新创建的宁海中学借城西正学小学正式开课，当时共有一、二年级两班学生80余人。学校倡导男女同校，主张妇女解放，反对封建压迫，提倡科学民主，宣扬革命理论……如此一来，落后闭塞的小县城立时飘荡起一股清新的风，旧势力当然会视它为眼中之钉，因此斗争非常激烈。学校呢，一会儿从城里搬到乡下，一

柔石担任县教育局局长后,为筹建宁海中学校舍四处奔走,心力交瘁。这是几经周折而建造的宁中校舍。解放后,草木苍苍,环境清幽,被命名为"柔石楼"。

会儿又从乡下搬回城里。林淡秋在回忆文章里说它处在"风雨飘摇"之中。既然宁海中学是如此触目招眼,那么主管学校的教育局其局长人选则更是至关重要,成为各方势力注目的焦点了。而此时,经过风风雨雨的一番周折,这个位置正需要一个人选。谁来当局长最合适呢?当时的党组织,由地上转为地下,由公开转为隐蔽,形势是严峻的。大家想到了柔石。柔石为什么最合适呢?许杰曾经有过一段回忆。他说,当年组织上曾经告诉过他:"柔石是个中间偏左的人物,因为宁海中学新办起来,受地下党领导,县教育局是直接的顶头上司。如果国民党派一个积极反共的人来主持教育局,那么宁海中学的工作就无法开展,于是我们把赵平复(即柔石)抬上去做局长。他虽然还不是共产党员,但是他是同情共产党的。"(许杰《坎坷道路上的足迹》,1984年第二期《新文学史料》)也就是说,让柔石

20世纪50年代的宁海中学柔石楼。

去当这个教育局局长,对党的工作是有利的,也容易为右翼势力所通过。

当然,党对柔石——或者说学校里的一些进步教师们对柔石——是有个认识过程的。柔石是稍迟一些,即1927年9月,应时任宁海中学的教务主任吴文钦之邀离开镇海中学来宁海中学的,任国语教师,兼教音乐和小学部的英语。一开始,他与大家是有隔膜的,尽管与许多人是同乡,是同学。林淡秋在《忆柔石》一文中说到:

然而在最初,大家对他并不怎样满意。大家觉得他冷淡,孤僻,傲慢,不能跟大家打成一片。学校生活是一股激流,数百个师生都在这激流里游泳,挣扎,互相鼓励,互相扶持,而柔石最初站在岸上看,后来参加了，但也仿佛站在船里，跟大家总有些隔膜，他显然感到这种隔膜，但并不想打破它。他满不在乎。他有他自己的天地。下课了，他坐在房里读古书，看小说，吃了晚饭，他回家写他的小说。

林淡秋的这段文字写得生动而逼真。柔石也许就是这样一个人，一个十足的性情中人。他追求学问，向往光明，埋头写作，不顾左右。然而过了几个月，双方都把感觉修正了。"柔石其实并不是不能亲近的，只是对于不愿意亲近他的人，他才是傲慢的。知识分子都有那么一点特性，我们原来只看到柔石的冷淡和傲慢，而没有看到自己对他的冷淡和傲慢，对于真诚的朋友，柔石其实愿意献出更大的真诚。"这段话也是林淡秋说的，说得也很生动而逼真。

这种感觉来源于具体的表现。比如，柔石富有文艺的才能，宁海中学的校歌请他作词谱曲，果然，一首充满激情和诗意的校歌与大家见面了；又比如，时任宁海中学训导主任而暗任中共宁海临时县委书记的邬逸民，即柔石当年的一师同学邬光煜，省政府令县政府捉拿他，柔石激于义愤，就让邬潜住自己家中，并招呼夫人照料好他的生活。这件事，解放后的邬逸民追忆起来仍十分动容；又比如，学校经费窘迫，期终无法解决教师的生活费和舆马费，俞岳校长为此愁眉不展，柔石得知后，主动帮助拟出方案，而自己却分文不取，还幽默地自喻为"近水楼台"——因他的家就在学校附近,用不着舆马费,为此赢得了教师们的一片称道和赞誉。如此等等,柔石正是以自己的无声行动,树起了人格风范和威望,为他当这个教育局局长打下了基础。

那么,柔石自己又是如何想的呢?好像在他遗留的日记里未见这方面的痕迹。其实,像柔石一类的文人在做官这件事上,都会有一种矛盾心理。就本意来说,此类人大多还是更愿意潜心读书,埋头写作,钻研学问,即当今所说走专业之路。但当官毕竟亦非庸辈可得,于柔石,能实践自己"改革教育""启发民智""开展宁地之教育"之愿望,未尝不是一个良好的机会。早在1921年,他就有"普及教育"之想法,11月20日他曾写信给他哥哥赵平西:"……故现今中国之富强,人民之幸福,非高呼人人读书不可。教育能普及,则无

跃龙中学(原宁海中学)内的柔石园。
(赵安炉/摄)

论何事,皆不难迎刃而解矣。"1928年6月7日在致双亲的信中说到,他去当这个教育局局长的目的也很明确:"一为中学根基未稳,欲筹定基本金立了案耶;二为宁海教育幼稚,欲稍事发展,以开展宁地之文化。"对于文人,做官是一种得,也是一种失,谁能两全?所以,他是欣然领命的。

过程好像很顺利,党组织的这一构想,通过发动宁海县教职员联合会的集体上书,以及几位比较开明的士绅舆论支持,终使反动政府就范了。

柔石也难得做一次官,想来在他个人的历史上,在他亲族档案里,也算出人头地,凤毛麟角吧,他又将是如何为之呢?从某些人的眼光来看,柔石当这个教育局局长真是当傻了,不仅傻,而且惨,惨不堪言。

例一,"吃自己的饭,磕老爷的头,结果,人嫌人怨,何苦如此!"(1928年6月7日致双亲的信)——上任之后,他雄心勃勃,立即着手解决最棘手的宁海中学的校舍问题。他择定了新校址,计划建造一座11间门面的砖木结构新校舍。学校尚未正式立案,钱从何来?除了动用3000元的赈灾款,他发动了社会名流及多方人士向全县各地募捐,他这个局长亲自奔走在乡下各地,向当地的"殷户"们讲道理,明意义,求善举,十足地做了一个"讨饭局长"!真是何苦!而结果呢,也是命运使然,亭旁暴动失败,牵连到宁海中学的老师、学生,当了四个月教育局局长的他,还能再做下去吗?他只能一走了之!甚至在他到了上海之后,家乡一些人为了基建账目一事通过他的哥哥与他纠缠不清,弄得他大发感叹:"宁海之事如此,真正可恶!"你说,这个教育局局长当得窝囊不窝囊?

例二,利用职权,不是谋私,而是为宁海中学立案这件大事多次奔波在宁杭道上。他希望通过他的努力,能把宁海中学办成一所公立学校。而他的这一努力,却要得罪好多权贵们。林淡秋说:这所一成立就成为旧官僚眼中钉的中学,现在又为新官僚所讨厌了,陷入了新的"风雨飘摇"的境地。这又不是自找苦吃?!

例三,柔石大概是个"改革派",看上去书呆子一个,却绵里藏针,柔中有刚,做起领导干部来,大刀阔斧,敢作敢为,这与他过去给人是一个柔弱文人的形象是不一致的。他不愿因循守旧,看着全县教育旧势力的腐败横行,"不顾一切阻挠,毅然把全县小学校长和教职员作一次大的更动,把新鲜血液注入腐败的教育里,使它蜕变、新生"(林淡秋语)。这一来,当然非同小可。仇恨者有之,献媚者也有之,"很多小学校长及企图当校长的都拿了礼物来向这位新局长送秋波,作为进见之礼,柔石看到这种行为,当面批评,叫他们先把礼物拿回去再来说话"(王育和《忆柔石烈士》)。据他的妻舅吴文钦回忆:东乡一校长携着一只火腿到柔石家求见,柔石不肯收受,校长丢了火腿就走。柔石拿了火腿就追,追得汗水淋淋,非要还他不可。路人问清缘由,指着他笑:"真是书呆子!"这种作风与某些贪官

如今的宁海中学已经搬迁,发展成为一所规模大、格局高的新型中学。当年的宁海中学已改名为跃龙中学,校内的柔石楼犹在,只是已重新拆建。"柔石楼"三字由茅盾题写。

(赵安炉/摄)

相比,真是天壤之别。柔石的清正奉公、刚直不阿,岂能为旧社会的势力相容?

柔石的教育局局长就是这样当的。憨头憨脑,硬声硬气。如果有宁海中学师生参与的亭旁起义事件不发生,他又将如何?也许他还可以做更多的工作,也许——不,更多的是他的这个教育局局长是当不长的,社会那么黑暗,官场那么腐败,你洁身自好吗?你一枝独秀吗?谈何容易?!人家不当你有病才怪呢!

四个月后,形势突变,风声陡紧,由中共宁海县委领导的农民暴动在南乡边陲亭旁揭幕。一时风云翻卷,血火交迸,一场声势浩大的以打击地主豪绅反动政府为目标的革命行动震动了整个浙江。国民党反动当局立即调集重兵进行镇压,而宁海中学则是地下党和指挥部的核心所在地。柔石对亭旁起义虽然并未"预闻其事",更无涉及,但宁海中学是整个地完了,一片白色恐怖,通缉,洗劫,打砸,反动派无所不用其极。柔石

柔石做官

新筹建的宁海中学教师合影。

会不会也受到牵连呢?劝者甚众,柔石只得罢官而去,落荒而逃。他与暴动要员杨毅卿先至东溪岳母家暂避,后又转道沥洋,雇小船到了蛇蟠小岛,最后去了上海。人生有幸,当了一回官,尝一尝当官滋味,也知个中甜酸苦辣,后来他是百感交集的。1929年春天,吴文钦离开温州中学去海盐县教育局任督学,路过上海,与柔石相见,柔石得知此情,眉头一皱便不高兴了,责问吴:"你为什么不教书要做官?官做不得,今天的官,就像乌鸦一般黑,无官不贪,无吏不污,你赶快转到教育队伍里来。"想来柔石说这番话,大概不会信口开河,定有切身之痛的。

初结朝花社
——柔石与鲁迅之一

一

"朝花"是一个很美丽的词儿,清晨的花朵,含露欲放;此刻,柔石的心境也充满了美丽,恰如朝花,一片灿然。这是因为,他要与鲁迅先生,还有两位朋友——王方仁、崔真吾,一起办一份刊物了。这份刊物就叫《朝花周刊》,社名就叫朝花社。

柔石怎么会认识鲁迅先生的呢?在历史的长河中,多少人对慕名者或心仪已久,或灵犀相通,却无缘谋面,失之交臂;而柔石,却注定要结识鲁迅先生,并成为他最好的学生和朋友,这一点犹如萧红。

柔石是没有路好走了。这颗受伤太多而又不甘示弱的心,这颗许身文学的心,不可能再去做别的什么了。他的面前只有文学这条充满荆棘的羊肠小道。在那样紧张严酷的情势下出走家乡,他都没有忘记带上他在前些日子写的厚厚一沓的长篇小说《旧时代之死》的草稿。他把《旧时代之死》带到上海,自有他的期望。在初到的那些日子里,他坐在低矮狭窄的小客寓里,一字一句地修改和誊抄。溽暑煎人,白天的客寓如炎热的蒸笼,夜半的灯光又是那样的昏暗。漂亮潇洒的毛笔小楷,与按着肚子、吞着胃药伏案而作文的惨苦情状是那样的不协调。他写信给哥哥说:"福夙兴夜寐,努力读书作文,目下已将二十万字一书著好。"即此之谓也。

柔石对于上海并不生疏,每次赴杭读书,都得转道上海,他是来过多次的,而上海的出版界对他却是陌生的,他还从来没有在上海出过书。别说出书,连发表什么作品也没有。他倒是写过很多的作品,诗歌、小说、散文、剧本,就是没有发表过。曾经自费印过一本短篇小说集,叫《疯人》,那是早年的事,在宁波华升书局印的。书印成后放在宁波等地经销,却卖不出去。他连自己都感到怀疑:"不知是菜蔬还是米饭,大概是糟糠一类的东西了。"后来,干脆都送给哥哥,放在咸货店里拆了包货了。

而现在,他要闯的是大上海的文学界和出版界。即使他有足够的勇气以及才华,"芝麻开门"的门又在哪儿呢?

仿佛茫茫夜海升起一盏红灯,他想到了鲁迅先生。如果能结识心仪已久的鲁迅先生,并得到他的帮助,他将会有如何样的天地新开?

这时候,他碰到了王方仁和崔真吾。一个是镇海人,一个是鄞县人,当属浙东同乡,又同为文学青年。1926年春,王方仁和柔石曾共拟创办私立中学而奔走,终未成。同年秋天,王方仁去了厦门大学读书,参与组织"泱泱社""鼓浪社"等文学社团,得到鲁迅的指导。1927年1月,王方仁返乡,介绍柔石到他的家乡镇海中学任教。而他则与崔真吾于同年10月抵沪,追随鲁迅先生。他们是知道鲁迅先生的。于是便带柔石到闸北横浜路景云里23号去见鲁迅。

鲁迅先生一见面,就对柔石有一种信任和好感。这些年来,他结交过的青年可谓不少,始则恭前谦后,热血相应,而后又从背后捅他一刀的也不乏其人,因此他先前以为青年都是革命的想法轰然崩坍,对青年疑虑起来,并开始格外地小心。

而对柔石,他没有这个感觉。他为柔石的真诚、质朴所感动。他决定帮助眼前这个从台州宁海来的文学青年,答应为柔石看那部《旧时代之死》的稿子。

也是生活中的巧事。其时,鲁迅先生住在景云里的23号,但住房附近很不安宁,一忽儿警察和绑匪在发生枪战,一忽儿有人在唱京戏,隔壁还有夜半的麻将声,都使鲁迅先生苦不堪言,此时,忽然听得18号有房子空了(后来又有了17号),便在9月9日那一天搬了过去,把23号让给了柔石他们。柔石住三楼,一、二楼住王方仁和崔真吾,后来又来了柔石的同乡王育和,住的是亭子间。当时鲁迅先生看到柔石他们没有家眷,饮食上诸多不便,便叫他们一起搭伙用餐。这样,柔石与鲁迅先生便是朝夕相处了。

幸运之神就这样降临了。柔石一下子从天边来到了鲁迅先生的身边。

柔石二十章

横浜路入口景云里，还是旧时模样。

景云里的局部已修缮一新。这条有"历史文化名里"之称的里弄，当年曾云集着鲁迅、陈望道、茅盾、叶圣陶、冯雪峰、周建人、柔石等一大批文化名人，他们居住在此，创作，编刊，组织革命文学活动。现已成为当代人前来景仰的一道风景线。

九月十三日，绝路逢生的柔石，心情也云开日出，写信给他的哥哥说：

福已将小说三册，交与鲁迅先生批阅，鲁迅先生乃当今有名之文人，如能称誉，代为序刊印行，则福前途之命运，不愁蹇促矣！

我现在走进这条蕴含着昔日辉煌的普通而知名的里弄时，是从多伦路文化名人街入口的。文化名人街已修缮一新，散发出浓浓的文化味。花圃、雕塑、标牌、文化用品商店，触目皆是。景云里的口子，竖着一块标牌，上面写着："景云里——建于1925年，为砖木结构石库门房屋。二三十年代，鲁迅、陈望道、茅盾、叶圣陶、冯雪峰、周建人、柔石等一大批文化名人居住在此，从事创作、编刊、领导和组织革命文学活动，有历史文化名里之称。"走进35弄，墙上一块块仿照多伦路建筑图案的牌子赫然入目，计有：鲁迅寓所，横浜路35弄23号、17号；柔石寓所，23号；茅盾寓所，11号甲；叶圣陶寓所，11号；冯雪峰寓所，11号甲；等等。23号的大门紧关着，主人大概是上班去了，不敢贸然去敲门。弄堂里晾衣的竹竿，倒贴的福字，密布的电线，外挂的空调，支放着的自行车，还有拖帚、花草等什么都有，铺陈着一户户普通人家的寻常生活。正在徘徊间，忽然咿呀一声门开了，出来一位老伯伯，笑容可掬。征得他的同意，我们走进了23号人家。也许是住户太多

柔石二十章

这条从17号到23号的弄堂，是当年鲁迅和柔石走得最频的路。物是人非，如今多了悬挂的空调机，支撑着的自行车，还有各类杂物，铺陈着寻常人家琐碎的日子。

的缘故，屋内实在显得拥挤。踏上狭窄而低矮的木板楼梯，到了三楼，触摸到的便都是柔石的气息了。

啊，尊敬的鲁迅先生，尊敬的柔石先生，我们后辈人来拜访你们来了，还能听到你们当年纵论文坛、激扬文字的声音笑语吗？

二

与鲁迅先生在一起，是柔石新生命的开始，仿佛是一块冰，融入了热水之中。柔石心中频年所积的阴郁之气，逐步消化了。

坐在鲁迅先生家里一边吃饭，一边谈文学，谈写

这就是23号门。一扇文学之门。柔石第一次迈进此门去见鲁迅先生时,一定没有想到,日后他会搬到这里住;更没有想到,他会成为鲁迅最好的朋友和学生。

作,谈翻译,也谈美术,是一件愉快的事。谈得投机起来,便想结社办刊物。二三十年代的上海文坛,此风甚盛。鲁迅先生也很支持,于是便有了朝花社。

鲁迅先生曾有散文集《朝花夕拾》,1927年5月1日,他在《小引》中说:"……我还替他改了一个名称:《朝花夕拾》。带露折花,色香自然要好得多……"当时,柔石、王方仁他们是否从中取意,也是我现在的妄揣,但当时几位文学青年受鲁迅先生作品的启悟,当属情理之中,况且这个名字挺符合青年对于新生的期望。而办刊的宗旨,却是明白无误的:"目的是在绍介东欧和北欧的文学,输入外国的版画,因为我们都以为应该来扶植一点刚健质朴的文艺。"

柔石二十章

但是，柔石没有钱。连他自己都觉得，常常写信向哥哥借钱，借得都有点面孔红了。何况一时三刻，哪里去筹措？慈仁的鲁迅很为体恤——当时约定的办刊经费，分股集资，王一股，崔一股，鲁迅和许广平各一股，柔石这一股也由鲁迅垫付，实际上鲁迅一人承担了经费的五分之三，可见他如何全力地提携柔石。

我现在见到的薄薄的32开的小刊《朝花周刊》，不能不说它的寒伧粗糙，它的印刷、包装、纸张的质量，连我们如今常见的一些中学里学生们自办的文学小刊都不如。但是，对于当年的柔石，却无异于心中的花朵，心血的结晶。柔石是何等的认真啊。大量的事务工作全都落在他的身上，比如跑印刷厂送稿、制版、校对、发行等等，几乎都由他挑起。他是一次次地奔走，一遍遍地认真，捧着一期又一期从印刷厂里取出的刊物样本时，柔石的心情是怎样的愉悦呀。他在一篇《编辑后记》中揉入了自己的心情："小小的《朝花》虽然也出刊

柔石与鲁迅先生等合编的《朝花旬刊》。且鲁迅推荐柔石为他接编《语丝》。

122

二十期了。这于我们——栽培这小花者——自然有不可言喻的欣喜；爱护这小花者也许有和我们同感的吧。"这很受鲁迅先生和许广平的赞赏，他的任劳任怨，踏实勤勉，许广平给予了由衷的赞许："最热心而又傻子似地埋头苦干的是柔石先生。"

朝花社如果从1928年10月成立算起，到1929年9月21日的最后一期刊物结束，大约近一年。其中，《朝花周刊》一共办了20期（1928年12月6日—1929年5月16日）；后来越来越困难，改周刊为旬刊，《朝花旬刊》共出了12期（1929.6.1—1929.9.21）。其间，还编印了几本《艺苑朝华》，主要发表介绍木刻作品。原计划有相当的规模，商定每期12辑，每辑12图，陆续出版。但终于只出版了5辑，而且第五辑还是朝花社解散以后的事。5辑期刊印有《近代木刻选集（1）》《蕗谷虹儿画集》《近代木刻选集（2）》《比亚兹莱画选》《新俄画选》等。

说到木刻，还可以说几句的是，朝花社对中国的版画事业是有特殊贡献的。那时候，文艺刊物很少有致力于美术作品介绍的。鲁迅先生喜欢木刻，柔石也喜欢美术。这就不约而同。柔石小时候对美术和篆刻的爱好，至今还可以在他的宁海故居中看到浅浅痕迹；而鲁迅先生钟爱木刻，并有高深的研究，则是文坛的共识。鲁迅先生在柔石牺牲之后，还写到："他（柔石）是我的学生和朋友，一同绍介外国文艺的人，尤喜欢木刻。"（《写于深夜里》）为了选好《朝花周刊》的插

柔石 二十章

图,他们想方设法寻求外国的美术作品,许广平曾经回忆过这样一个细节:"听到鲁迅先生说中国信笺也是木刻之一时,他为好奇心所驱使,径然把中国信笺寄了一些到欧洲去,意外地也会收到回信及木刻,大家就更欢天喜地。这时真有点沉迷于版画……"《鲁迅日记》1929年10月20日记载:"柔石得Gibbings信并木刻三枚以给我。"鲁迅将这三枚木刻包藏,并在包封上手书:"Robert Gibbings木刻三枚,其夫人寄与柔石者。"

柔石被捕前送给友人的一张照片。

原题:一九二八年十月,时年廿七岁友福煦君(孙伏园之弟)摄于沪。

岁月的磨损,照片显得有些模糊。但细细看去,柔石的脸上展露着微笑和自信。此时的他,已非往昔的他。生活逐步安定,文学正在成熟,更重要的是一座信仰和理想的大厦正在内心落成。

我们从中可以读到他们对木刻的喜爱，还有他们两人的情谊，即使是因你的喜爱而喜爱，也是非常可爱的。

三

朝花社为什么会倒闭呢？

鲁迅先生说："我也不想说清其中的原因，总之是柔石的理想的头，先碰了一个大钉子，力气固然白化，此外还得去借一百块钱来付纸账。"

原因当然可以说清楚的，后来许广平在《鲁迅和青年们》一文里有较为详细的回忆。原来，几个人一开始酝酿办朝花社时，王方仁——后来被许广平称为A，也许是一种成见吧——说他的哥哥在上海四马路开着一爿教育用品社，可以赊点纸，还可以向拍卖行买点便宜货，用不着大本钱，而且他哥哥的店，还可以代卖书籍，省得另开门面，有批发的，他也可以代为收账，总之是很靠得住的。——这么一说，大家的心都热起来了。当时的王方仁，也许是热情而认真的。然而，时间稍长，问题渐次暴露。最让人难堪的是王的那位哥哥，他可不是什么热心文学的人，"商人重利轻别离"，有钱好赚当赚之，无钱好赚则冷之，更不会做赔本的买卖。结果，纸质越来越粗糙，油墨越来越低劣，印出来的文字和插图，效果很不好；愈是如此，销路就愈不好，简直成了恶性循环。而王的哥哥呢？纸费要收，代售费要高额，而印书款却不肯付，代售的书款全归他了。这一来，亏损赔本又欠债，尽管柔石苦苦地支撑着也无济于事，而此时的王君呢？"忽然不热心了，颇有十问九不理的样子。在某天，他宣布不能继续了，他的哥哥的店不肯再代设法，书也卖不出去。"剩下的书刊怎么办？让柔石托别的书店去卖。——王君忙什么去了？他往来于城乡之间，忙着家乡盖祖宗祠堂的事。根本不管朝花社了。后来，干脆搬出了景云里，到德国留学去了。熊融曾于1962年撰文说起王方仁："搞了些如《鲁迅回忆录》中所记的空头把戏，后来在政治上也趋堕落了。"

朝花社终于倒闭了事。为此，鲁迅先生担负了巨额的损失，一百块钱的纸账还要他们分担。所以，他还是愤愤地说了一句话，"我这回总算大上了当"，"这是一部分人上了一个人的当"。

鲁迅先生是有感觉的。他曾对柔石说过"人会怎样的骗人，怎样的卖友，怎样的吮血，他（柔石）就前额亮晶晶的，惊疑地圆睁了近视的眼睛，抗议道，'会这样的么？——不至于此罢？……'"这段写在《为了忘却的记念》中的文字，也许不全是指我们可爱的王君，但却是放在有关朝花社的一节里议论的。我们不是因此可以看到什么吗？还有柔石的一则日记，我们

柔石日记手迹之一（1929年12月22日）

不妨也读读:"处处觉得自苦,天呀,人究竟是怎样一回事?友谊,友谊,这是什么话呢?这是怎样的讲法呢?我对于他们的态度,举动,总以为不对,怕我是贼么?为什么出去要锁了门?还有一个,是不是我听错,全用讥笑的不诚实的对我讲话!"(1929年1月27日)

我们也许可以把朝花社看成是一个舞台,几个人物都很鲜明而生动。故事演绎下来,鲁迅先生多了一个忠诚的学生和朋友,柔石获得了一次对上海文坛的深刻认识,而王方仁呢,引荐柔石去见鲁迅的是他,玩了一场"空头把戏"之后远走高飞的也是他,作为一个角色,实在也是很有意思的。

左联杂谈——柔石与鲁迅之二

一

坐落在上海多伦路201弄2号的中国"左联"会址纪念馆现已装修一新,在高楼林立、车流如水的大上海,它闹中取静,显得那样不张扬、不浮躁、不奢华。它是一杯绿茶,精致、宁静、清澈,任你浅饮慢啜,细细品味,怪不得上海的一些著名作家总喜欢介绍一些同行朋友来欣赏。

副馆长张小红陪我从楼下走到楼上,又从楼上走到楼下,看完了那些简要而精到的图片介绍,"左联"作家的遗著和遗物,站在一楼的厅堂里,她笑吟吟地对我说:"这就是当年'左联'成立开会的地方,门外的那条路,通景云里,很近,柔石就是从这儿陪鲁迅进来的,你体会一下当时的情景吧。"

我真的被她的语言煽动了。室内静静的。欧式的雕花的顶,悬着几盏精美的吊灯,垂下浓重的怀旧情调;十几条赭红色的长凳、方凳和椅子,剥落了岁月的油漆,一片沧桑;小黑板前有一座讲台,该是当年鲁迅站着演讲的地方,弥散着精神的气息。遥想当年,一群深刻地影响着中国现代文学的著名作家就在这里结集。鲁迅、冯乃超、郑伯奇、夏衍、阳翰笙、阿英、洪灵菲、冯雪峰、柔石……还有潘汉年。

那时候的上海文坛,是一枚硬币。硬币的一面是一批执著追求真理的作家同国民党的文化统治从疏离到对抗成了历史的必然,另一面是创造社、太阳社和鲁迅之间的论争仍然一波三折,余烟未熄。硬币转动起来,呈现出文学的焦虑和噪动。

党中央不失时机地把握了它。

1929年9至10月间,党中央派李富春来做工作,希望三方面能消除分歧,联合起来,组成一个统一的革命文学团体,形成拳头,一致对敌。

这个团体,就是中国左翼作家联盟,简称"左联"。

当时党指定潘汉年出面做工作。

说到潘汉年,真让人眼热鼻酸,扼腕长叹。这位年轻的富有才干的党的文化工作者,后来成了一个神秘的人物,仿佛历史到了他这里,戛然而止,出现了断层。这是由于他的生命爆出令人叹息的裂缝,他从生命顶峰一下子跌入深谷,直至含冤去世,不能不说是政治的无情。而在当年,他是何等的卓越优秀啊,想一想,他若是没有非凡的气魄和人格魅力,何以能挑起如此的历史重任?

潘汉年走马上任后的第一件工作就是解决了持续一年有余的中国现代文学史上关于无产阶级革命文学的论争。论争当初,潘汉年也是创造社的成员,也曾盲

柔石二十章

目写过批评鲁迅的文章,而现在,要他自己出面来纠正创造社、太阳社的教条主义、宗派主义的错误,他是需要何等的无产阶级革命家的胆魄和勇气?他要求创造社和太阳社的党员作家首先停止对鲁迅的批判,他率先作了自我批评,然后召开了党员会议,做了大量深入细致的工作,取得了共识,而后还写了两篇文章,即《文艺通信——普罗文学题材问题》《普罗文学运动与自我批判》,对终止论争起到了决定性的作用。接着,他决定拜访鲁迅先生。他先让冯雪峰就"左联"的有关事宜征询鲁迅的意见。据冯雪峰的回忆,当时党中央的意见,"团体名称拟定为'中国左翼作家联盟',看鲁迅有什么意见,'左翼'两字用不用,也取决于鲁迅,鲁迅如不同意这两个字,那就不用"。从中可以看出,当时的中央是很尊重鲁迅的,也是很讲究方法的。这种谦

"左联"成立大会会场。室内静静的。欧式的雕花的顶,悬着几盏精美的吊灯,垂下浓重的怀旧情调;十几条赭红色的长凳、方凳和椅子,剥落了岁月的油漆,露出沧桑;小黑板前有一座讲台,该是当年鲁迅站着演讲的地方,弥散着精神的气息。遥想当年,一群深刻地影响着中国现代文学的著名作家就在这里结集。鲁迅、冯乃超、郑伯奇、夏衍、阳翰笙、阿英、洪灵菲、冯雪峰、柔石……还有潘汉年。

"左联"筹备会每周召开一次,地点在北四川路窦乐安路口(今多伦路)公啡咖啡馆,柔石曾多次在此参加会议。

公啡咖啡馆遗址(今已拆)。

和的尊重知识分子的态度后来被残酷的阶级斗争取代了,成为历史的遗憾和教训。

鲁迅先生的态度很明确。他看到了潘汉年做出的努力,他赞成成立"左联",他认为采用"左翼"两字是好的,旗帜可以鲜明一点,这使潘汉年深受鼓舞,他专程赴内山书店与鲁迅交谈,倾听意见,他的真诚坦荡和高度的党性觉悟,赢得了鲁迅的信任。

1929年10月中旬,潘汉年在北四川路"公啡"咖啡馆,主持召开了"左联"筹备小组会议。会上产生了"基本构成员"12人,"创造社方面的是郑伯奇、冯乃超、阿英、彭康、沈起予、华阳(阳翰笙),太阳社方面是蒋光慈、阿英、洪灵菲、夏衍,鲁迅方面是鲁迅、柔石、画室(冯雪峰)"。并准备起草"左联"的纲领等文件资料。

与此同时,潘汉年还根据党的指示叫冯雪峰联络鲁迅、柔石他们组织了"中国自由运动大同盟"成立大

柔石二十章

会,发表了宣言。翌日又召开了"上海新文学运动者底讨论会"。为"左联"的成立,奠定了扎实的基础。

1930年3月2日这一天终于到了。正是莺飞草长、万物复苏的春天。上海文坛荡漾着一片春风,中华艺术大学成了幸运的历史见证人。

为了保证鲁迅先生的安全,使得会议能顺利召开,潘汉年及其战友们作了周密的安排。早在开会的前一天,潘汉年由夏衍陪同亲自实地察看了中华艺大的四周环境,对学校的每个房间作了仔细的检查,问明了学校共有几个出口,分别可从哪条路出去,弄个一清二楚。"从北四川路底到窦安乐路,到中华艺大门口,安排了大约二十个纠察队员",同时在大门口设置检查人员,布置了四名身强力壮的工人纠察队员,让他们专门保护鲁迅先生,潘汉年还让夏衍特别交待柔石和冯雪峰,随时密切注意保护鲁迅的安全,如遇紧急情况,就陪鲁迅从后门迅速退走。从中可见潘汉年的组织能力。

会议如期召开。一切都很顺利。潘汉年代表党组织讲话,冯乃超报告筹备经过,郑伯奇作理论纲领的说明,鲁迅先生作了著名的《对于左翼作家联盟的意见》的演讲;会上通过了纲领、章程,选举了执行委员会……

20世纪30年代的"左联"会址——中华艺术大学。

"左联"会址中华艺术大学装修一新,现已成为中国左翼作家联盟会址纪念馆。

20年前,我曾去上海沿着柔石当年的足迹走了一遍。这块挂着"中华艺术大学"牌子的建筑,就是当年"左联"成立开会的地方。

在风雨如磐、长夜弥天的旧中国、旧上海,"左联"就像一杆挺立而高扬的大旗,飘扬起来了。这座时为"中华艺术大学"的建筑,从此楔入了中国革命文化的肌体,成为一座鲜明的里程碑。

二

张小红在办公室里为我沏了一杯茶。我们继续聊"左联",聊鲁迅……

在当年,上海文坛的斗争显得错综复杂。一度敌我友犬牙交错,阵垒并不鲜明。党是如何去找鲁迅的?与鲁迅又是如何沟通的?这成为后人关注的焦点。

"左联"纪念馆的一角。

时间拨开迷雾,历史变得澄明起来。

当时,潘汉年作为党的第一任文委书记,受命于周恩来、李立三、李富春,来找鲁迅先生,在他和鲁迅先生之间有一个冯雪峰,党的许多工作都是通过冯雪峰去完成的;而冯雪峰又是如何结识鲁迅的?其中间人却是柔石。

冯雪峰与柔石是"浙一师"的老同学,同为"晨光社"的社员。冯在"浙一师"只读了一年的书就辍学了,1927年6月受李大钊殉难的刺激,加入了中国共产党,后来回家乡教书,遭到了国民党浙江省政府的通缉,便逃到了上海。同是天涯沦落人,柔石与冯雪峰相见在上海,心情是相通的,柔石便与冯雪峰谈起了鲁迅。此时的柔石,正与鲁迅结社朝花,受温暖于鲁迅,心情与往年已经不一样了。而冯雪峰与鲁迅先生的关系却显得有点微妙,当然并不复杂。原来,冯也在北大听过鲁迅的课,听人说,鲁迅是个很矛盾的人,热情而又冷得可怕,"我看见他号召青年起来反抗一切旧势力和一切权威,并且自己就愿意先为青年斩除荆棘,受了一切创伤也不灰心;可是我觉得他又好像蔑视一切,对一切人都怀有疑虑和敌意,仿佛青年也是他的敌人,就是他自己也是他的敌人似的。总之,我以为他是很矛盾的,同时也认为他是很难接近的人"——这段冯雪峰后来的回忆,写得很谨慎,也很坦率。其实,我现在读起来,倒觉得这个感觉并没有什么不对。鲁迅也不是圣人,他自有他的矛盾和弱点。然而,冯雪峰回忆起这些往事,还是作了一大段的检讨,这大概也是一种政治因素的影响吧。当然,此是后话。

在鲁迅这边,似乎对冯也有一些看法。那时,冯雪峰曾在《无轨电车》杂志上发表过一篇文章,题为《革命和知识阶级》,就创造社、太阳社和鲁迅之间的论争发表了看法。鲁迅就有些反感了。他对柔石说:"这个人,大抵也是创造社一派的!"

柔石面临的就是这样一个稍有尴尬的局面。

当时的柔石当然不会想到,日后的"左联",鲁迅先生,冯雪峰,还有他,会作为一个方面军的代表,那时他们已经相互非常地了解,感情非常地深厚了。而当时,还没有"左联"以及"左联"的筹备。柔石只是出于善良的秉性,他要化解双方的误会。他与鲁迅先生解释说,冯雪峰那篇文章的本意是批评创造社的宗派主义,而并不是别的什么;他与冯雪峰谈,则更显得朴实而纯真。他说鲁迅先生已经消解了对那篇文章的误会,说鲁迅先生的慈爱,就像一个慈爱的父亲,他自己就有这样切身的感受,他相信,对一切好的青年都会如此的。然后,他表示了引冯雪峰去见鲁迅的愿望。冯雪峰被柔石的真诚感动了。他信服了那个慈父一般的形象,他本来就是十分尊敬鲁迅先生的。

一个晚上,冯雪峰在柔石的引荐下,去见鲁迅。他带着一本日本的杂志,其中有德国蔡特金或别的人关于知识分子问题的论文的译文,他看不懂,还有另外一篇译作,去请教鲁迅先生。初次见面,话极少。他很快就告辞了。

而后的见面,话就一次次地多了起来,思想感情也一次次地接近了,后来,柔石还替冯在景云里找到了房子,冯干脆就搬到了鲁迅先生的身边住,从此,便有了鲁迅和冯雪峰十年交往的通家之好,有了他们"师生怡怡,战友情深"的传世友谊,成为中国现代文学史上的一段佳话。当年"左联"的成立,正因为有冯雪峰作纽带,潘汉年在那样困难的情况下,很快地沟通了与鲁迅的联系。

而最初,居间的是柔石。

还有冯乃超与鲁迅的会见,也是柔石引的路。冯过去也对鲁迅缺乏理解,还写文章批评过鲁迅,后来是越来越敬仰了,他很想见鲁迅一面,又怕挨骂,心里有点怯。柔石则说:"不会的,他不是这样的人,没有关系的。"冯乃超感于柔石的诚恳和鼓励,便在柔石的引路下,会见了鲁迅,得到了鲁迅先生热情的接待。

居间的也是柔石。

柔石的品质赢得了冯雪峰的信任。1930年5月,经冯雪峰的介绍,柔石加入中国共产党。可以这样说,鲁迅先生使柔石摆脱了昔日那种苦闷消沉的人生态度,走上了从事革命文学的道路;而冯雪峰则使柔石建立起全新的人生信仰,为共产主义崇高理想而献身。从此,柔石开始了全新的人生境界的追求。

柔石曾经有个笔名叫金桥。他大概自己也未曾想到,正是他的品质和行动,架起了一座可贵的桥梁;冯雪峰也是一座桥梁，再往上推，潘汉年也是一座桥梁，他们都是以革命者的忠诚和信仰作为桥的骨骼的。一座座桥梁接起来，才有了鲁迅先生和党并肩战斗的深厚友谊和传世佳话。在历史的星空上，划出了一道强烈的弧光。可以这样说，鲁迅先生正是从一个侧面，即潘汉年、冯雪峰、柔石这些普通而实在的共产党员身上，看到了中国共产党的整体形象，看到了中国的希望和明天。

现在，他们都已经离开了人间，离开的方式也不尽一样，令后辈人有着无尽的怀念和各种评论，甚至还有一些让人难以理解的疑惑；但在当年，这是一代知识分子痛苦而又自觉的选择。即使近于灯蛾扑火式的追逐光明罢，也是一种崇高和壮烈。

三

结识鲁迅，参加"左联"，光荣入党，是柔石人生道路重大转折的三大步。在新出版的《柔石日记》里，没有1930年的日记，也很少有他的信件，这是遗憾的。想来不会是没有的。但我又想，那时的白色恐怖如大山重压，他又怎能将敏感的文字记载呢？

尽管如此，我们还是可以从大量的回忆文章中看到，1930年的柔石是忙碌的，充实的，他全身心地投入了"左联"工作，革命工作。我与一位友人曾经有过这样的议论，成果丰硕的1929年，如果可以算作柔石的"创作年"的话，那么，穿梭于无形的枪林弹雨之中的

1930年,则是柔石的"革命年"了。

曾经,他还显得那样优柔无措,多愁善感。即便到了上海,初近鲁迅,朋友们说他"现在能这样恬淡静默做人,和以前的多感,烦恼,处处发现情愫的冲动,已相差很远了"(1929年1月19日日记)。但他的这种脆弱感情的流露,仍然隐伏可见。1929年9月18日的日记记着:"……我真自己太柔弱了!运命判定我一生,莫非禁锢我在'多顾虑的','易感动的'的牢狱中终世么?不,我想挣扎,错误也可以,失败也可以,甚至行为对自己底良心叛乱也可以。"11月30日记曰:"……更会想到自己底前途,前途的荆棘与灰暗,等到墙外忽然什么一声,——变把戏的锣的一声——我才恍悟了,恍悟到自己在做梦,在做提着笔的梦,毫无意义的空想的梦……"这正是柔石在人生道路发生转折的前夜,往昔情结的流露。当然,我们也可以看到鲁迅先生的坚强人格犹如春雨,润物细无声,对于柔石产生巨大的影响。

比如,他与鲁迅先生谈起了林淡秋被捕的惨苦之情状,鲁迅先生说:"最好将这种黑暗写成一部书。比如他们办学的人,现在如此卖学生,再过几年,他又去办学,又会有一批学生去的,哪个再记得他!"这就给柔石以很大的教育;又如,年三十,他坐在鲁迅先生家里吃年夜饭,菜很好,有鸡,有肉,又有外国酒喝,而更重要的是,鲁迅、周建人、许广平的谈话,几乎从五千年前谈到五千年后,地球转了一周,文学、哲学、风俗、习惯、回想、希望,什么都谈,使他的精神感到非常愉悦。再比如，有好几次，他感到心里异常的不舒服，可是一到鲁迅先生家里吃了饭，心里就平静得多了，周建人的那种科学家的态度和头脑，使他神经质的忧怨感到惭愧；而鲁迅先生的慈仁的感情，滑稽的对社会的笑骂，深刻的批评，使他快乐而增长知识。10月14日的日记记着："鲁迅先生说，人应该学一只象。第一，皮要厚，流点血，刺激一下了，也不要紧。第二，我们强韧地慢慢地走去。我很感谢他底话，因为我底神经末梢是太灵动得像一条金鱼了。"

由于鲁迅的影响，他才会有反复勉励自己的"七字"决心：想一想，决定，做去！他才会渐渐地明白这样的道理："为了救人，为了社会的光明，为了大多数的幸福，应当，应当，我应当这样做！吃苦！"他在自己的日记里，把"吃苦"两字写得特别大，像警钟一样敲着，像火焰一样烧着……

而现在——1930年，他是"左联"的一位领导了，或者说是一位骨干了。

他当选为"左联"的执委，并兼任编辑部主任。后来，他又被选为"左联"的常委。

29年来，柔石饱尝了人间的苦风凄雨，就像迷途的羔羊东走西撞，不知所向。投考东南大学落第的痛苦，北京旁听生活的困顿，普迪小学教学生涯的寂寞，辗转于沪杭道上为生计奔波的憔悴，在家闲居养病的无聊，开展"宁地"文化之受挫，以及婚姻家庭的烦恼，就像一页页不堪回首的书页，翻了过去，翻到了1930

年这一页,真是峰回路转,天地新开了。

那一年,柔石真是忙。他要编期刊,写文章,接待作者,研究稿件,业务繁多;而大量的时间还要去参加各种的活动。"左联"成立之后,他常常以"左联"代表之一的身份去参加会议,如"全国苏维埃区域代表大会"(简称"苏代会"),回来之后,又向"左联"全体盟员大会进行传达;又要参加"左联"执委会,通过有关决议;还要参加自由运动大同盟的执委会,"中国工农兵苏维埃第一次全国代表大会中央准备委员会全体会议"(简称"苏准会"),等等。还有,由于当时党受左倾路线的影响,"左联"也组织了一些发传单、写标语、飞行集会之类的政治斗争活动,而有些过激过左的活动却是鲁迅先生反对的。

值得提的一件事,则是柔石与冯雪峰、冯乃超等人策划了以"左联"名义为鲁迅先生五十诞辰搞了一次有意义的祝寿活动。柔石当然是个热心人。从酝酿到解决场地,致开会词,以及介绍北平"左联"代表杨秀怡与会并陪同拜访鲁迅先生,忙得自然不可开交。

1925年在北京,他曾经写过一首《战!》的诗,"呵!战!/剜心也不变!/砍首也不变!/只愿锦绣的山河,/还我锦绣的面!/呵!战!努力冲锋,/战!"——那时候,他不知道努力冲锋在什么地方,他只是四顾茫然,仰天长啸罢了;而今,真是他面临"剜心也不变,砍首也不变"的时候了。那个时代,一切进步的知识分子,一旦寻找到革命的真理,真是会赴汤蹈火,在所不惜的。林淡秋说,那时候的白色恐怖,即便是"左联"召开一次什么作品讨论会,"都有点像在刀上擦痒似的不平凡的危险感"。何况,国民党反动政府已经准备下毒手了,一张无形的黑网已经张开,并在一步一步地收紧。——曾经召开"左联"成立大会的中华艺术大学被查封了(1930年5月29日,"左联"作出决议,敢于去启封!);9月10日,国民党中央执委会秘书长陈立夫签发公函,密令上海取缔"左联"等革命团体,通缉鲁迅、冯雪峰、柔石、冯铿等人;10月8日,上海市市长张群签署密函,按密令封查"左联"等团体,办案"中国自由运动大同盟";11月11日,张群再次签署密函,严密侦查这些进步组织——上海文化界,已是山雨欲来风满楼,黑云压城城欲摧了!

鲁迅、冯雪峰他们当然是感受到的,柔石、冯铿、殷夫他们也是感受到的,生命已经变得飘忽起来。然而,人一旦有志,并愿意以身相许,还有别的路可走吗?没

国民党当局仇视、迫害左翼文学,报上登出讽刺漫画。

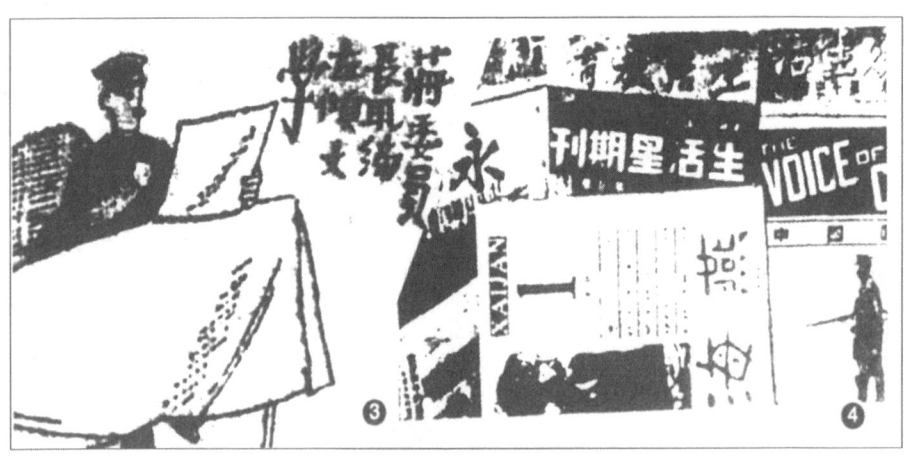

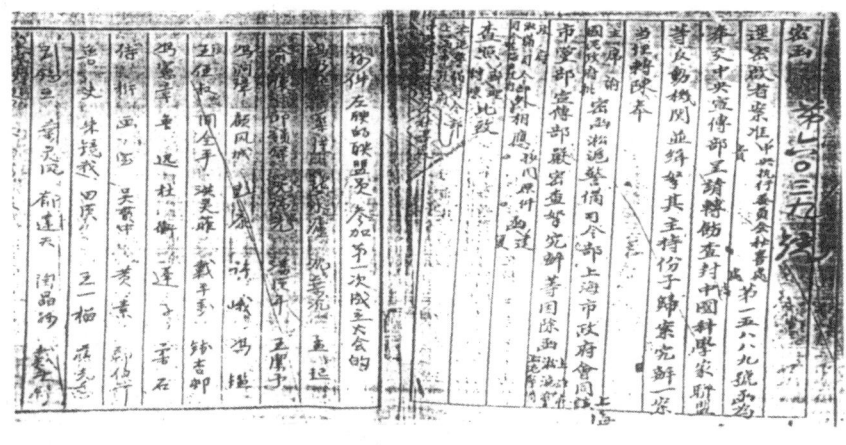

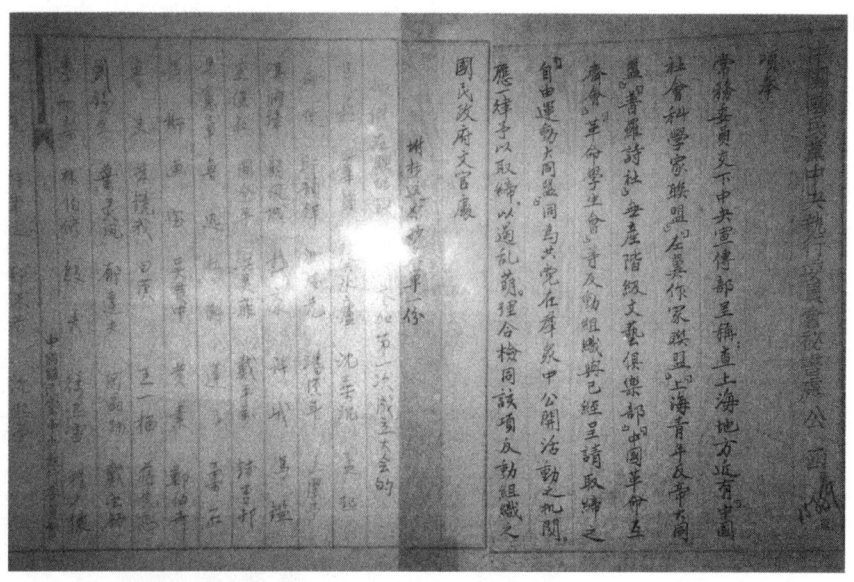

有了。那只有剩下一个字了:"战!"

离开纪念馆的时候,我看到了存放着的柔石一些遗物,一只笔筒,一只印盒,还有几行手迹。我想,这分明是柔石的生命和灵魂吧。

国民党当局密函通缉的名单。其时的上海文化界,已是山雨欲来风满楼了。

风声渐紧,柔石搬出景云里,暂住北四川路的永安里内,后又从永安里搬到静安寺泰利巷(见图)。此处既是"左联"的秘密办公地点,又是柔石的住地。

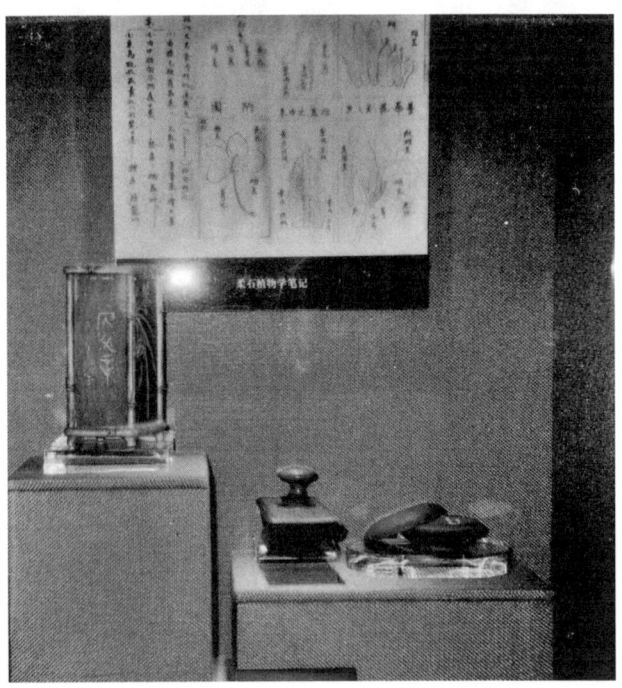

"左联"会址纪念馆里存放着的柔石遗物。

《二月》漫谈
——兼说电影《早春二月》

在《谢铁骊剧作集》的首发式上，谢晋说了这样的一段话：老谢会拍《早春二月》很有意思。这个作品是什么主题？什么主题都说不清楚。他把烈士柔石的照片放在片头，让人一愣。老谢是很鬼的。当初是否有一种预感？人家想批判，我要你知道，我拍的是烈士的作品。但最终呢，还是被批判了。《早春二月》与《北国江南》是最先遭到批判的。老谢从"无产阶级导演"变成"资产阶级导演"，这个过程很有意思。

谢晋真不愧为艺术大师，点评起同行朋友的作品来，可以漫不经心而极见机心。他两次说了"很有意思"，究竟是个什么意思？想来这个"意思"绝不是什么无足轻重的"小意思"，而是有一篇大文章可以做的。

其实，谢铁骊当年从"无产阶级"走向"资产阶级"，还是有迹可循的。当时谢铁骊去莫斯科参加苏联一个电影节，苏联同行认为，新中国电影表现革命战争一类题材，拍得波澜壮阔，风云激荡，但是却少有抒情的，少有富哲理的，这个评价对谢铁骊触动很大。电影节的相互交流和探讨，对艺术家的启示是实在的。当时中苏在意识形态上的分歧已趋激烈化，如何体味苏联同行在艺术上的见解，谢铁骊一定会有很多的感慨和思考。中西文化的相互交流和取长补短，在现在看来，已经不是什么坚障厚壁，在历史的推移中，文明总是要与时俱进。而在当时，国际风云变幻，各种体制、阵营壁垒森严，探讨艺术的题材和风格的多样化，却不是一件简单的事，或者说是一件非常敏感的事，也许会冒着一种大风险，至少是艺术生命的大风险。这已被当年的历史所证实。但当时的中国文坛还有一些背景，1961年，文化部在新侨饭店召开电影故事片创作会议，周恩来在会上发表了讲话，深刻阐述了发扬艺术民主和尊重创作规律等问题，号召文艺工作者要"心情舒畅、意气风发"地投身艺术创作。这给谢铁骊极大的鼓舞。

谢铁骊回国之后，决心迈出新路。这是一个艺术家志在超越自我的一种勇气，也是新中国的电影事业寻求突破的一种呼唤。他遍寻"五四"以来的新文学作品，最后定下了两部：叶圣陶的《倪焕之》和柔石的《二月》。考虑到前者是长篇小说，结构较大，最终选择了把中篇《二月》改成电影。他自己亲任编剧和导演。

这是《二月》的魅力和经典。小说一旦被推上银幕，在文化样式单调的当年，将会产生何等的影响，是人所共知的。

《二月》写于1929年1月。那时柔石才28岁。颠簸的生活和不断受挫的经历使柔石获得了才华的提升。巴尔扎克说，苦难对于弱者是万丈深渊，对于天才

柔石像。

是一块垫脚石,是一笔财富。柔石是不甘沉沦、不甘向命运低头的人。他从故乡出走到上海,有缘接近了鲁迅先生,他的文学创作开拓了全新的境界,《二月》当是那种背景下的产物。

《二月》的故事并不复杂。复杂不是柔石的长处。主人公萧涧秋多少染着柔石对自己生活阅历和人生体验的感情色彩。他是一个大革命前夕的青年知识分子,富有同情心和正义感,极想有为,怀着热爱,他来芙蓉镇教书,却卷进了生活激流的漩涡,欲退不能。一个聪明而乖张的女性陶岚爱上了他，用一缕缕五彩的纤细的爱丝，将他缠紧，而他却同情于那个孤苦无依的烈士遗孀文嫂。出于人道主义，他义无反顾地帮助文嫂，却导致文嫂的慷慨自尽。种种变故和紧逼使他无法喘息，造谣、诽谤、妒忌、攻击，犹如重军包围，他只好逃离芙蓉镇。

鲁迅先生大约是最早读《二月》的。他为柔石写了一篇《小引》，其中说道：

我从作者用了工妙的技术所写成的草稿上，看见了近代青年中这样的一种典型，周遭的人物，也都生动，便写下一些印象，算是序文。大概明敏的读者，所得必当更多于我，而且由读时所生的诧异或同感，照见自己的姿态的罢？那实在是很有意义的。

"很有意义"的《二月》抑或说《二月》的主人公萧涧秋的典型形象，试图要说明什么社会问题呢？作者所要表达的主题思想是什么呢？谢晋来得爽快，说是什么都说不清楚。说不清楚并非是坏事，也许是一种更深刻，更合理。世间上的事物为什么非得说清楚呢？谁能说清楚呢？作家有这样的责任吗？但是，话说回来，《二月》还是有所说的，柔石还是有感而发的。极左横行时期，人们不能言及人道主义，倘一言及，就会被抓住这个人道主义，乱棍乱棒，拳脚交加。但柔石那个时候是不知道的，也无法预料。他怎么会知道本属人类的一种美好而善良的感情会在若干年之后变成不可饶恕的罪行？《二月》表现的人道主义,正是柔石为人善良、富于同情、深怀恻隐的自我表现。在柔石的自传体作品《生日》中,柔石曾写了两则细节,一则是他遇到了一个卖花的小女孩,卖花声叫得非常清脆而凄婉,他驻足询问,当他得知小女孩的艰难后,他几乎决定把所有的花都买下,怜惜之心油然而生;还有一则是,在一家小餐馆里,他看到掌柜正在打骂一个小伙计,问了缘由,原来小伙计跌碎了一只盆子,一只盆子才二角二分钱,萧彬(即柔石)正色作笑道:"那让我赔偿你吧,不要打他了。"两则细节,同一性格。柔石这一善良的本性在他的作品中,几乎处处可见。他对穷苦的人尤其是对深受封建压迫的农村妇女,充满着深深的同情。因此,他笔下的萧涧秋具有一种悲天悯人的性格,完全是一种本色本能的表现。当然,现在人们对人道主义的评价会比过去任何时期公正得多,平和得多。现在全世界人正在一致谴责恐怖主义,这恐怖主义正是对人道主义的反动。如果有点人道的良知,也不至于会酿成类似"9·11"这样的惨重的后果了。当然,此是题外之话。

初版《二月》的封面。1929年11月由上海春潮书局出版。

但是,人道主义绝不是《二月》的全部,也不是《二月》的本质。更可以说它仅是一种载体,一种外化。透过人道主义,更深的内涵是什么?可以这样说,作者为我们精心地刻画了一个萧涧秋的艺术形象,借以透视大革命失败后社会的黑暗以及知识分子的苦闷和彷徨,为我们提供了"近代青年中这样的一种典型"。这才是《二月》的经典之处。也是柔石留在中国艺术长廊里一幅不朽的肖像。小说结尾,萧涧秋出走了,他给陶岚的哥哥陶慕侃的信,完整地表达了他的不可言传的心情:

……此后或南或北,尚未一定。人说光明是在南方,我亦愿一瞻光明之地。又想哲理还在北方,愿赴北方去垦种美丽之花。时势可以支配我,像我如此孑然一身的青年。

其实,鲁迅先生当年已经为我们说得很清楚了。只是我们后来为实用主义所驱使,不愿听他罢了。他的那篇《小引》写得何等深刻而精辟,让我们可以十遍二十遍地读下去,味如甘饴,回味无穷:

浊浪在拍岸,站在山冈上者和飞沫不相干,弄潮儿则于涛头且不在意,惟有衣履尚整,徘徊海滨的人,一溅水花,便觉得有所沾湿,狼狈起来。这从上述的两类人们看来,是都觉得诧异的。但我们书中的青年萧君,便正落在这境遇里。他极想有为,怀着热爱,而有所顾惜,过于矜持,终于连安住几年之处,也不可得。他其

由孙道临、谢芳主演的电影《早春二月》海报。

实并不能成为一小齿轮,跟着大齿轮转动,他仅是外来的一粒石子,所以轧了几下,发几声响,便被挤到女佛山——上海——去了。

他幸而还坚硬,没有变成润泽齿轮的油。

萧君的本质——痛苦、徘徊、洁身自好,以及他的不肯同流合污、毅然出走,都被鲁迅先生说得入木三分。这真是那个时代青年的一种典型。难道这种典型对于我们认识当时的社会以及在如今引发出的思考没有意义吗?

但是这种典型再现于20世纪60年代初,是铤而走险的。我不能不佩服谢铁骊的艺术勇气。这是对极"左"创作思想的大胆反叛。他把电影剧本交给夏衍时,不知有何述说。倒是夏公具有一种睿智的眼光。他为电影剧本做了详尽的眉批。最重要的一条是,从萧涧秋的身上,可以看出当时的青年知识分子寻找革

当年曾经在电影《早春二月》中饰演萧涧秋的著名表演艺术家孙道临,如今已有七十余的高龄了,2001年春天,他应邀担任上海越剧院《早春二月》剧组的艺术顾问。回首39年前的往事,拂去记忆的灰尘,孙道临先生百感横生。从柔石的小说到电影剧本,再到戏曲剧本,这条艺术之路的延伸,人们思考了什么?图为孙道临先生在为越剧《早春二月》剧组中的演员说戏。(徐福生摄)

命道路是多么的不容易。这句话，现在听来是不稀奇的，但在当年真是力重千钧，起到了一锤定音的作用。这为谢铁骊和主演萧涧秋的孙道临树立了信心。有夏公撑着呢。近40年后的今天，孙道临给上海越剧院排演越剧本《早春二月》的剧组说起这一段尘封的往事，不能不感慨万分。

电影《早春二月》终于在1963年拍摄成功了。谢铁骊充分施展了他的艺术才华。可以说，这是新中国成立以来最优秀的电影之一。然而未待公映，它便被当时的权势人物打成了"大毒草"。这是那个特定岁月里，许多优秀影片的共同命运，是那个时代的大悲哀。

记得当时我在杭州，见识不多且又年轻的我，有幸去看了这场内部的供批判的电影，心情其实并不复杂。大家都装作若无其事的样子，而内心呢，谁不知是一种艺术的欣赏呢？这不能不说是一种怪现象，越是去看批判电影，大家就越高兴，座无虚席，票子会紧张得要命。果然，电影拍得真好真美。那种江南风韵，那种诗情画意，那种缠绵悱恻，那种悲天悯人、古道热肠……真的可以让人双目一亮。只是大家心照不宣，不能言传。那时候，都会想到一种权威的说法，愈是思想反动的作品，艺术性愈强，其毒害也就愈大。特定时期的论断，被引用为荒唐年代的荒唐依据，昏昏然乎？昭昭然乎？九泉之下的柔石倘有知，又会作如何的感慨？这使我想起柔石的一则日记。1929年9

柔石二十章

月13日,柔石写道:"下午四时,雪峰急忙地在他自己底晒台上叫我,他说,华文印刷公司火烧了,我底排好已二十天,因纸没有送去的《二月》的纸板,恐怕也烧掉了。我一时听得也呆去。他当时叫我到印刷公司去问,我想,别人火灾,为了自己底小小一部文稿,立刻就去纠缠,不好,没有去。幸我原稿虽已撕破投入纸篓里,而初校稿样尚在,随他再迟延二月好了。不过心里总是非常气愤。"因火烧而文稿被毁,当然会很气愤;那么,在"火烧"一切的年代,《二月》被彻底打倒,柔石是该气愤呢,还是连气愤也没有了?或是根本

上海越剧院演出的越剧《早春二月》。

154

不允许你气愤呢?

如今,岁月早已拭去蒙在《二月》上的尘垢,那种大而空的"资产阶级"帽子早已付之东流。捧读《二月》,我更多读出了纯粹。纯粹的萧涧秋,纯粹的陶岚,纯粹的文嫂,纯粹的采莲,纯粹的《二月》,纯粹的柔石。这种纯粹澄澈而透明,美丽而多彩。难怪冯铿在读了《二月》之后,心情会显得如此激荡:"你把我的精神占了去!坦白地告诉你:十天以来,不,自看了你的《二月》以后,一种神秘的、温馨的情绪萦绕着我,差不多每一件事物,每一个时间空间我的心里总是充塞了这样不可救药的情绪,弄得自己简直莫名其妙,好像完全转换了另一个人!这就是恋爱吗?为什么呢?——那种心情,简直抒写不出来!"

她爱上了柔石。

话说典妻
——有关《为奴隶的母亲》

一

中国的"典"字，可以有多种解释。除了作标准、法则之类的意思，还有一种解释，即旧时指一方把某种东西押给另一方使用，换取一笔钱，不付利息，到期还款，收回原物。如当铺干的这类营生，就有这样的意思。但细细计较起来，典与当、租还是有些细枝末节的不同，可算大同小异。一般来说，典的大多是一些不动产，如房屋、土地之类。后来有了"典妻"一说，真是大大发展了"典"的含义，算得上是中国的一大特色。

典妻制始于宋元时期，《续资治通鉴长编》载："或于兼并之家假贷，则皆纳其妻女以为质。……比因饥馑，民有雇鬻妻子。……质妻卖女，父子不保。"《元典章》载："吴越之风，典妻雇子成俗久矣，前代未尝禁止。……其妻既入典雇之家，公然得为夫妇或婢妾，往往又有所出，三年五年限满之日，虽曰归还本主，或典主贪爱妇之色，再舍钱财。"关汉卿杂剧《五侯宴·楔子》中也写到典妻，剧中赵太公的台词说："你既不肯嫁人，便典与人家，或是三年，或是五年，得些钱物埋殡你夫主,可不好?"直至《清稗类钞·风俗》载:"浙江宁、绍、台各属常有典妻之风,以妻典与人,期以十年、五年,满期则纳资取赎。为之妻者,或生育男女于外,几不明其孰为本夫也。"可见典妻之制度,由来久矣。

我认识一位在新中国成立前有些身份的潘姓老人,如今已经作古,我曾对他作过一次采访,那还是1979年的事。他说,典妻在浙东尤其农村颇为盛行,一般来说,典出方多为贫困所逼,或输赌,或遭灾,或得祸,债台高筑,而临生存危机,只得将自己的妻子典给有钱人家去生儿育女,换钱还债,被典的女人大多是不愿走这条路的。无论是名誉,无论是灵与肉,受损害的只能是她。但迫于生计艰难,只得屈从,常闹得哭哭啼啼,十分凄惨。但也有愿意的,因为夫家的穷日子实在使她无法过下去了,所谓"水往低处流,人往高处走"是也。典入方自然较为富裕,他的缺憾是膝下无后,传统的"无后为大"会困扰整个家族。为了传续香烟,延接后嗣,典入一个会生儿子的女人,"借肚皮"生儿育女,成为某一类人的选择。这里大约又有几种情况,一是典入方大多慑于妻子的悍泼,不敢讨娶二房、三房,只好采取"典妻"来解决;另一种是比较"规矩"之家,不谋另娶,只图传后。

典妻的手续以"合法"的面目出现。既不同于卖淫,也不同于现在的"包二奶"之类,社会不作舆论谴责,不投以道德的眼光。它有一整套约定俗成的手续,比如须有媒人,须有契约,典期一般为三年,价格是数箩谷钿。并不举行什么婚礼或仪式,有人陪送即是。还竟有典有孕之女的,只要遮过耳目,立竿见影。可见其目的倒不是为了寻欢作乐,仅仅为要个孩子而已。比起现在"包二奶"的、重婚的、养小蜜的,腰缠万贯,颐指气使,想怎么玩就怎么玩,真是小菜一碟,道德因素倒是要简单得多。一般来说,典入者对"临时妻子"有较好的感情,并不虐待她,也有只图生育的,生下孩子便与她"拜拜"了;也有期满回家的,常回来看看,如结了亲戚一般,看看曾经做过自己"丈夫"的那位男子,也看看孩子,邻舍隔壁打个招呼,也不足为怪;也有双方自解约后视为路人,从此不再往来。可谓因人而异,各具姿态。如果有人从民俗学或社会学的角度去作一点考察,大概可以作一篇很大很生动当然也很深刻的文章。

但是,我在听潘老先生娓娓道来之时,心头仍然不免异样。诚然,他的述说是很客观的,没有赞贬,没有批判,更接近客观和真实。但给我心灵的震撼与思索却很不平静。我的悲哀并不在于某个被损害女性的命运如何悲惨,这样的情况并不是事物的全部。作为一个群体,中国农村妇女的一部分,她们灵魂被摧残的麻木和愚昧,这实在是令人深思的。最近听一位朋友说,外国有个片子叫《心火》,说的也是一个女人被典为人生孩子的故事,真让我吃了一惊,国外也有此类事情,莫不是"典妻"为全人类所共有?后来我把片子借来看了看,并不是这回事。

《心火》说的是这样一个故事,瑞士籍的家庭教师伊莉莎白为替父还债,卖身三晚于素未谋面的英国贵

新中国成立前后分别出版的《为奴隶的母亲》。

族查理,并为他生下女儿,但答应从此再不见面。七年后,两人在偶然中见面了,虽然旧情未断,但查理碍于自己的身份和地位,死守着自己的老婆——一个植物人,而无法接受伊莉莎白。道德与情感进行着激烈的冲撞。终于,爱情战胜了虚伪的道德观念。

这个故事与中国的典妻大相径庭。它恰恰注重的是人性的张扬,抛弃的是虚伪的道德伦理。

二

柔石的《为奴隶的母亲》写的却是一个实在的典妻的故事。

此时的柔石,已经不是写《疯人》时的柔石,也不是写《旧时代之死》《三姊妹》甚至是《二月》时的柔石。此时的柔石,已经与鲁迅先生朝夕相处,受着先生的教诲与滋润,世界观与人生观悄然发生了变化,用柔石的话来说:"……鲁迅先生底慈仁的感情,滑稽的对社会的笑骂,深刻的批评,更使我快乐而增长智识……"此时的柔石,已接近共产党,正处在入党的前夜;此时的柔石,正与一批努力弘扬中国先进文化大旗的人士们,诸如鲁迅、冯雪峰、夏衍、郑伯奇、冯乃超、阳翰笙、蒋光慈、阿英等人,筹备着"左联"的诞生,所以,他不能不思考自己手中的笔应该表现什么内容。有一次,他对鲁迅先生说:从今以后,应该转换作品的内容和形式了。

鲁迅先生却是含意很深地说:"这怕难罢,譬如使惯了刀的,这回要他耍棍,怎么能行呢?"

柔石回答说:"只要学起来。"

这段写在《为了忘却的记念》里的鲁迅先生的回忆,当然不一定发生在柔石写《为奴隶的母亲》之前。

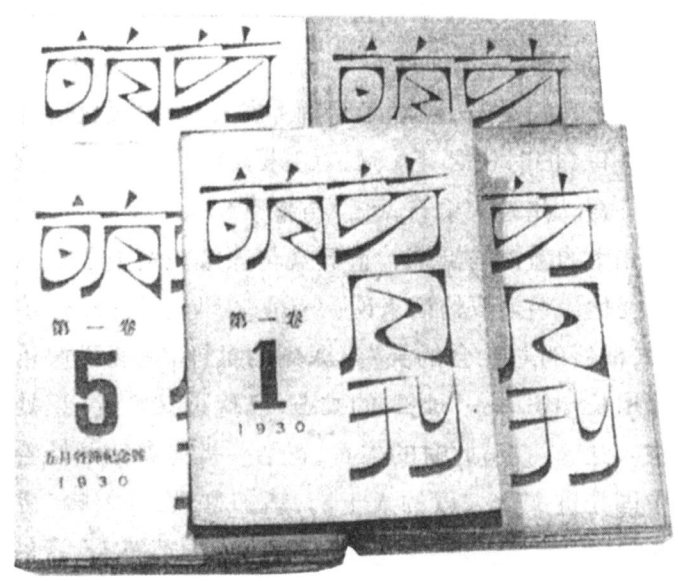

这是冯雪峰主编的"左联"机关刊物《萌芽月刊》。柔石的《为奴隶的母亲》就发表在该刊上。

但是，用来透视柔石1929年至1930年这一期间的文学创作，却是最有力的注解。林淡秋也有一段回忆。有一次，柔石对林淡秋说："过去我的作品不是革命的，现在我决计转换内容了。"柔石在他生命的最后阶段里，在作出一种选择，一种告别。他选择了无产阶级文学，选择了人民大众，告别了只囿于自我情感表现的那一类文字。这很痛苦，也会获得升华，他还那么年轻，却走向成熟。

小说最初刊发在1930年3月的《萌芽月刊》上，编者在《编辑后记》中写道："柔石先生的《为奴隶的母亲》，作为农村社会研究资料，有着极大的社会意义，请读者们不要忽视此点。"在当时，文学能关注研究社会、研究农村的有几人？直到现在，不屑于对农村对社会进行文学反映的也大有人在。象牙塔里的顾影自怜和喃喃自语，还是挺有诗情画意的。这篇后记虽然写得简要朴素，比起现在连篇累牍的"炒作"式评论，却要深刻得多。1932年，该小说被蒋光慈编入《现代中国作家选集》。1934年，又被收入英国伦敦马丁·劳伦斯书店出版的《中国短篇小说》。1936年，埃德加·斯诺编辑出版的《活的中国——现代中国短篇小说选》，将它列为鲁迅以外的"其他中国作家的小说"之首篇。这篇小说还很快地被译成外文，据萧三回忆：法国知名作家罗曼·罗兰从《国际文学》法文版上读了这篇小说之后，曾写信给编辑部说："这篇故事使我深深地感动。"至于近年来，国内把它改编成戏剧、电视剧、连环画者更是趋之若鹜,热门热道。说是短篇名著,或是"短篇小说之林中的一棵别具风采的长青树",大概还是名副其实的。

这篇小说写得平实无奇,绝无矫饰。整个典妻故事也没有什么大的波澜起伏和惊人之笔。一个农村少妇,被贫穷所逼,典给秀才家去生儿育女,她如期完成了使命,然后被驱遣回家,回到那个极度贫穷的老家来,儿子春宝已经对她很陌生了。但是作者把几个人物的愚昧和麻木,尤其是春宝娘的内心分裂,朴实地展示在读者的面前,让你掩卷沉思不已。在她的身上,女性被泯灭了,只留下了"母性"。她既舍不得离开春宝,也舍不得离开秋宝。她甚至想在地主秀才家留下来,但严酷而无情的现实把她那点仅有的"母性"也撕成了粉碎。高尔基说,对于人和人的生活环境作真实的不加粉饰的描写,谓之现实主义。《为奴隶的母亲》即一篇现实主义的优秀小说。作者隐蔽了"自我",一反过去那些在情节上有许多非现实因素、充满荒诞虚无色彩的写法,真正是将使惯了的"刀"换成了"棍",这是柔石在文学创作上的一大成功和进步。

柔石为什么能驾轻就熟地将"刀"换成了"棍"?其中一条原因是他的题材来源于生活,他就生活在社会的底层,对农村劳动人民的生活不单熟悉,且充满了深深的同情。

他的亲属在后来的回忆中谈到,在他的邻里之间,还有在他的岳父家东溪,都曾发生过此类怪剧,柔石不仅听到过这些故事,还熟悉过春宝爹、春宝娘这一类人物,也熟悉周边的环境。他的家其实也是农村,走出家门,便可看到一片广袤的田野,叫上隍畈,常年农夫耕作,稻谷飘香,他是熟悉的。

作为同是宁海人,读这篇小说使我尤其感到亲切的是作者的语言。家乡化的方言土语被柔石运用得非常生动贴切。举个例说,当她得知自己被典时,先是一声"什么呀?",然后几乎昏了过去,接着简直痴似的,一句话也没有,再接着是连腑脏都颤抖起来,迸出一句话:"倒霉的事情呀,我!——"

这"倒霉"两字,在一般的同义解释是说遇事不利或遭遇不好,但宁海当地的方言却不是这个意思,若照这个意思解释当然也能通,却绝对的不生动,缺乏个性;宁海人的"倒霉"指的是不光彩,难为情,无脸皮一类,这真是鲜鲜活活地把春宝娘这个朴实的农村妇女一笔勾勒出来了。此时此刻,她想到的是羞耻,而绝不是其他。她既不懂人格的独立,也没有对丈夫爱情的缠绵。她是一个被生活折磨得近于麻木的女人。归结自己命运的只是"苦命"两字,她觉得作为一个女人,出卖肉体是一件极不光彩的事,仅此而已。类似这样的生动的语言还有不少。这也是此篇作品获得成功的原因。

三

我最初接触柔石的《为奴隶的母亲》是在 1963 年。那时候戏剧舞台上正兴起把才子佳人、帝王将相赶下

柔石二十章

台之风。大演现代戏的风气铺天盖地而来。柔石的《为奴隶的母亲》虽说写的是20年代的故事，只能算个近代的题材，但在服饰上绝无"古装戏"之嫌，更重要的是小说的内容写的是浙东农村畸形的典妻制度，揭露了封建制度的伪道德，对于60年代盛行的阶级教育可以引申为绝好的教材，因此被搬上了舞台。

最早把它改编为戏剧的是上海长宁沪剧团，编剧是金人。把小说改编为剧本，是一个再创作的过程，应该说，金人显示了他娴熟的编剧技巧，改编是较为成功

1962年，上海市勤艺沪剧团首次把《为奴隶的母亲》改编成戏剧推上舞台，著名沪剧演员杨飞飞饰演剧中春宝娘。

164

的,虽然有些世俗化。当然,从现在的眼光来看,从更深层次——接近文艺审美的本质——来看,还有不少问题,但他的改编不可能脱离当时的社会背景。演出后,收到了较好的剧场效果,一时间,被全国各地各剧种各剧团移植改编,影响不能不谓之大。

作为柔石故乡的两个文艺团体——宁海越剧团和宁海平调剧团,先后也移植上演了该剧。小县城轰动了,家乡人民第一次从舞台形象上认识了家乡值得骄傲的作家的作品,朴素的观众为朴素的形象所震撼,动情的表演也让观众潸然动情。家乡的人也许在这个时候怀着深深敬意,走近了这位20世纪30年代英年早逝的先烈。

"文革"期间,《为奴隶的母亲》也不能幸免于难,小说和改编的剧本都受到了批判。罪名一是春宝娘认敌

20世纪80年代,浙江电视台把《为奴隶的母亲》拍成电视剧。

根据小说《为奴隶的母亲》改编的甬剧《典妻》，以新的艺术手法演绎哀伤的旧故事，凸现出柔石作品的经典魅力。

甬剧演员王锦文因成功主演《典妻》而获得了中国戏剧梅花奖。她倾心塑造的春宝娘这一艺术形象，成了甬剧艺术长廊里的一个经典，也是她表演艺术走向成熟的标志。

为友,谓之阶级调和;二是春宝爹出典妻房,可算丑化贫下中农;三是地主秀才这个人物温文尔雅,自然是美化了阶级敌人。三项帽子不大不小,戴着正好。欲加之罪,何患无辞。现在听起来,真是笑话一个,但在当年,在一切都被颠倒了的当年,能有几个人做到心底澄明呢?上段时间,文学界正在讨论由某位作家的散文创作引出忏悔的话题,撇开其他人不论,至少对于我们,拷问中国知识分子共有的灵魂的扭曲以及独立意识的沦丧,确是一件不能说为无足轻重的事。人之灵魂之纯正,大约要比作品更重要。而要做到这一点,也绝非一朝一夕可以一蹴而就的。冰冻三尺非一日之寒,正反事例无不如此。这有点如典妻陋习的被消除。这一源于宋元时期、盛于浙东乡村的丑恶现象,历经数百年,不绝如缕。新中国成立后,逐步走向销声匿迹,不想改革开放以后又死灰复燃,真让人惊叹残余的封建意识之坚固、之顽劣。20世纪80年代中期,我的家乡又冒出几桩骇人听闻的典妻案,我曾为此翻山涉水作过调查,后来还把它写成一个戏剧作品《野杨梅》,也算是对先辈作品题材的"重弹老调"。

现在,又有宁波甬剧团把《为奴隶的母亲》改编成《典妻》搬上舞台,获得了极大的成功。这是柔石作品的生命力所在。事过境迁70余年了,我们还在说着柔石,演着他的作品,汲取着他的精神养料。这就是不朽。现在文坛上那些自以为是或被捧为传世的作品,几十年后能否被人记住,实在不能太自作多情呢。

人生情爱之大义
——柔石与冯铿

一

日记和信件,大约是最能披露一个人内心深处的东西。细细地读着柔石遗留下来的日记和信件,仿佛与他坐得很近,听他娓娓地叙说,又仿佛走进了他的心境,他的痛苦和欢乐,他的迂气和执著,他的寂寞和忧伤,都会让你体味得相当真切。

他把自己的感情世界袒露在这里,当然,也包括他的婚姻和爱情。

他的感情步履,一直处在痛苦徘徊之中。他不满自己的婚姻,渴望着自由、热烈的新爱情,他又不能摆脱已经成立家庭的现状,还在尽自己的道义挑起一些责任。生活中他也会有一些精神上的女朋友,但总是朦朦胧胧如空中楼阁、海市蜃楼,什么时候风一吹也就散了。鲁迅先生说他,与女性朋友在街上走路,总要保持三四尺的距离,这就很见他对传统道德的下意识认同。

但是,他终于走出了属于自己的一步,那就是,1930年他与冯铿恋爱了,并且同居。

但在过去,他俩关系的公开是回避的,忌讳的。长期承袭的传统意识和"左"的标杆指向,都不允许将此公布于众。他们的头上有着烈士的光环。所以,除个别早期回忆文章有所坦言外,大多闪烁其词,隐约有指,而不敢直言叙说。直至20世纪80年代以来,"禁区"渐被冲破,人们渐渐认识到,还原历史真实,才是最紧要最根本的事。对先辈烈士的研究同样要做到"不虚美,不隐恶"。何况,有一些并不是"恶"呢!人无完人,也非圣贤,食人间烟火,长血肉之躯,岂能将他们"神化"?柔石与冯铿相爱,不但丝毫无损于烈士的形象,反而会使我们更深刻、更全面、更合理地了解和理解柔石所走过的心路历程。我们不能离开时代去要求他们。所有的伟人,包括毛泽东、鲁迅都逃脱不了对爱情的态度及其带来的幸福和痛苦。

冯铿的这张相片更像一个纯真的少女,明净的眸子里她看到了什么?"在童年的一个月夜的庭中/我在母亲的怀里/头儿倚在她胸前/仰望月亮却躲在白云的怀里。"(冯铿:《深意》三五)

我最早知道这件事是读林淡秋的散文《忆柔石》。文中写到,柔石加入"左联"以后,环境一天天恶化,后来就搬到一个新的比较合适的地方,"同他的爱人冯铿住在一起"。林淡秋那时常去他的住处,就是静安寺附近的泰利巷。后来,我又读到了柔石在狱中写的第二封信,信的措词十分惨苦,尤其是对冯铿的痛怜:"冯妹脸堂青肿,使我每见心酸!望你们极力为我俩设法。"男女囚室自然是分设的,但也有放风偶尔相见的时候,体质脆弱且又不甘屈服的冯铿,受到的折磨是可以想象的,柔石心疼如煎!这也是只有恋人之间才能反映出来的深情。

再后来呢,回忆柔石的文章多了起来,一些当年的日记、信件也发表了,其中有柔石和冯铿的往来信件,翔实地记叙了他们对感情抉择的过程。不但让我读到

木刻冯铿像。

了真实,还读到了认真。我感受到的柔石更丰满了。

柔石从骨子里蔑视封建礼教,同情女性,对爱情自有他的理解和执著。他的妹妹赵玉桂被父母订婚了,他急忙写信给他的哥哥说:"桂妹之婚事,为何竟如此匆忙定了?我不禁流泪叹息。桂妹呀,你的一生已经卖了!西哥,桂妹将来满意则已,一不满意,其罪恶则在你我之身上!你还好,不懂人生情爱之大义,而我是懂得的,懂得真正结婚的道理是如何的,而对于亲爱的妹妹,竟一言不顾问矣,唉!枉为读书的二哥!"

正因为他追求着人生情爱之大义,在他的生命史上,才有冯铿的一页。

二

照鲁迅先生看来,冯铿其实并不美丽,体质也是弱的。而且鲁迅先生似乎对她还有点隔膜,他疑心她有点罗曼蒂克,急于事功。在鲁迅先生五十寿辰的庆祝会上,冯铿很激动地站了起来,呼吁鲁迅先生永远做一个普罗作家,领导普罗文艺,做"左联"的盟主和保护人。没想到鲁迅先生的答辞倒是一句都不肯唱高调,自嘲说,若装作一个普罗作家,而没有工农生活的体验,将是非常幼稚可笑的。

但,这并不影响柔石和冯铿的感情,也不影响鲁迅对他俩相爱的看法,在后来,鲁迅还支持了他们的关系。毛泽东曾对毛岸英的恋爱说过这样的话:"漂亮靠不住吧，还得靠理想，靠志同道合。"柔石和冯铿，大约如是吧。

冯铿是一个个性色彩强烈的女子。小时候，她的姐姐为抗争婚姻自由闹得满城风雨，她很同情她。姐姐病重时，给她留了几句话："你还小，不太懂事，我们做女人的受罪特别深，将来你要替女人复仇。旧礼教如猛虎，你要学武松……"

"不，我要学秋瑾！"10岁的她，已经知道秋瑾了。她出生在1907年，正是秋瑾遇难的那一年。她的妈妈

冯铿的手稿：《最后的出路》。

是绍兴人,她的身上真是流着秋瑾的血了。她生得浓眉大眼,南国的热风涂在她的脸上,多了一分男子气概,少了几许女性的妩媚。他的哥哥以古人诗句"十月先开岭上梅"之意,为她取了一个充满诗意的名字叫"岭梅",而后来,她参加了"左联",换了一个笔名叫"冯铿",连名字也透出男子的豪气。她真是要学秋瑾了。

她勇敢,倔强,有如一团烈火,很早就参加了革命;她又聪慧,多才,能写会演,且心地善良,富有同情心。她的男子气的脸上,长了一个非常动人的酒窝,笑起来像一个漩涡,把一些不知深浅的男同学卷了进去。所以有人说她是"烈火般的性格和秋水般的心灵,和谐地、奇妙地荟萃于一身"。

她不满广东潮汕一带的黑暗和反动,1929年2月与她的丈夫许峨来到了上海,一头扑进了血与火的浪涛里。整整两年,她用自己年轻的生命,写完了铿锵的誓言,牺牲的时候,比秋瑾还要年轻好几岁。

年轻时我曾读过秋瑾的一首词,如今还能背出一些句子来,词云:"身不得,男儿列;心却比,男儿烈。平生肝胆,因人常热……"忽然觉得,用来比作冯铿,也很合适,中国出了这样英烈的女子,真让我们须眉之辈汗颜呢。

三

柔石是在1929年5月认识冯铿的。他比冯铿早八九个月到上海。命运之神把素昧平生的他们牵连到一起。都是文学青年,都是从沉沉的黑暗中冲突出来,都追求着光明,以至后来,都参加了"左联",结集在鲁迅的大旗下,并为革命献出了自己的生命。那么多的相似之处,他们的相识将会爆发出什么样的火花?

我们无法准确地猜揣这个起点。相识仅仅四个月,冯铿给了柔石一封信,然后他们相约去杭州。这个过程是不能忽略的。冯铿的父亲是杭州人,杭州当是她真正的籍贯。其时,她的哥哥也正在杭州,这可以成为她去杭州的一个理由。但是,她不愿见他的哥哥——因为他在国民党的一个报社里做事,她只是趁哥哥不在家时,去看望了一下嫂嫂。而柔石,除了去看同学魏金枝,也没有别的什么要紧的事。这样看来,他们倒是醉翁之意不在酒了。他们泛舟于西湖,陶醉于山水,尽兴地玩了一次。如果在他们的心中,没有涌动着一种情愫,没有一种异性的相吸和相悦,他们会有这次不平常的杭州之旅吗?大约不会。如此说来,此就是爱情之始了吗?我们不妨有这个设想。那时候,正是柔石《二月》出版的前后。准确地说,《二月》正在印刷厂里印刷。早几天前,柔石还因印刷厂的失火而伤心自己稿子的被焚,幸亏还有初校的稿样在。那时候,冯铿会不会已经看过他的《二月》的校样呢?或者是手稿?不是没有可能的。而冯铿看了《二月》后的心情,正如后来——1930年10月14日——她写给柔石的信中所吐露那样:"十天以来,不,自看了你的《二月》

以后,一种神秘的,温馨的情绪萦绕着我……"那就是他们爱情的起点了。一个烈火般的女子,与一个萧涧秋式的柔石,各自走过一段风雨交加的人生之路,这时候,两颗心撞在了一起,将会激起什么样的波澜呢?

然而,并非那么容易。他们的面前各自横着一座家庭的大山。他们必须面对现实。如果说,柔石的婚姻多少还烙着旧式的痕记,有着痛苦的因素,那么,冯铿又如何面对呢?她如何逾越这座大山?她陷入了激烈的思想斗争之中。真理有时候是单纯的,有时候又是复杂的。他们都是有思想有知识的人,不可能用自欺欺人的答案来解答。他们开始了一个不算太短的过程。当今社会的一些青年男女谈情说爱很少要过程,三天工夫也便你死我活山盟海誓一步到位了。而柔石不能,冯铿也不能。他们是认真的。

也许是朝夕相处的革命活动,促进了他们爱情的成熟;也许是相互的磨合,沟通了他们心中的灵犀。这时候,因工作需要,冯铿常常不能与丈夫共处一室,柔石更因种种原因不愿回家。1930年,对柔石,对冯铿,都是风云激荡、热血沸腾的年份。他们朝夕相处,生死与共。生命的灿烂充分显示在1930年这一年份上。且看历史的记录:

3月2日,"中国左翼作家联盟"成立大会在上海北四川路窦乐安路的中华艺术大学召开,他们同时参加。

4月29日,"左联"在福州路一家旅馆里举行第一次全体盟员大会,他们同时参加。会上,他们和胡也频三人被推选为参加全国苏维埃区域代表大会的代表。

5月20日，全国苏维埃区域代表大会在沪西一幢洋房里秘密举行，他们和胡也频如期出席。

5月29日，"左联"召开第二次全体盟员大会，听取他们参加5月20日（会期不止一天）会议的传达。

9月7日晚，鲁迅访晤德国《法兰克福日报》驻沪记者史沫特莱女士，他们与胡也频随同参加。

9月14日，再次同时参加全国苏维埃区域方面的会议，简称"苏准会"。

9月17日，两人陪同北平"左联"代表杨秀怡出席在法租界荷兰餐室举行的鲁迅五十寿辰庆祝会。

9月下旬，两人同去看望杨秀怡，并带杨去鲁迅处，与鲁迅再次约见。

……

如此繁多的重要会议和活动，他们同时把生命拴在一辆战车上，相互关心，相互策勉，应对着"黑云压城城欲摧"的白色恐怖。由此而产生的感情日益深厚，是否可以给予理解和同情呢？

四

1930年10月，他们作出了毅然的抉择。

冯铿开始把自己的心情写给柔石，尽管是零碎的，即兴的（在电车中写的），却明白无误地告诉了柔石爱的信息：

我的金鱼本来是黑色的,但这几天来已渐渐变成红色的了!你看,多漂亮的信笺呀,我好像在你的心上写着一般,一坐下来,你便使我空虚;同时,把这空虚充实了的也是你。

说完了我们的工作后,便马上想晤见你,脸已忘记洗了!为什么呢?为什么呢?

当时冯铿是否养了金鱼不得而知,但恋人之间常常会有一种会心的谑语的,只有他们自己才能读懂。至少我们可以把它看作是一种心情,一种信号,金鱼好像由黑色变成了红色,是否预示着她的心理正走出困扰?她因柔石一忽儿空虚,一忽儿充实,她想见柔石,又忘记了洗脸……她爱上了柔石,在他身上显露出来的才华、抱负、事业、理想、志趣……还有他那儒雅温和的性格.都会成为她爱的理由。

她还作了一首七绝,送给柔石表示自己的心迹:

> 天涯何处托孤枝?
> 清冷门前柳叶垂!
> 海燕年年来话别,
> 多情唯有托相知。

尽管冯铿刚烈如火,她内心的感情世界却十分丰富,她也有孤单与清冷,这是同居数载的丈夫所未能理解的,她只能把自己托付给柔石了。

十来天后,她终于作出了决定。她又一次写信给柔石,她把自己的思想冲突经过和盘地托出:

我沉溺在精神的斗争中十天!现在,我快乐了,你看,我是一个能够把意志克服了本身阶级性的强者!!

你把我的精神占领了去!坦白地告诉你:十天以来,不,自看了你的《二月》以后,一种神秘的、温馨的情绪萦绕着我,差不多每一件事物,每一个时间空间我的心里总是充塞了这样不可救药的情绪,弄得自己简直莫明其妙,好像完全转换了另一个人!"这就是恋爱么?为什么呢?"这之间,还参加了不断的实际问题的冲突,然而,好似一个第三者,一件什么东西把我又蒙蔽了——那种心情,简直抒写不出来!

现在,完全明白了!我真快乐!告诉你好么?"自第一次碰见你便觉得给你吸引了去,以后,读了那样的文章更加着了迷!这是什么呢?是完全依照着自己本身过去残余的甚至是几千年以来遗留下来的所谓缠绵幽婉的儿女之情而沉溺了的一回事!!"这不是可耻的心情么?不是我们现在所不需要的缓和了××的心情么?——至于说,照那样的恋爱可以有利于我们的事业,这简直是自欺欺人的解答!那样的恋爱看看就要陷入到几千年所摆脱不去的窠臼里面,是自私,高超,幽雅等等的结晶。比方说,在公园中月夜(下),凄清在那种低徊幽怨的情绪底下的我便起了如下的念头:"我们沉醉在这样可爱的秋月底下,这样令人迷惑的桂花香吧！什么都应当抛弃，我们找一处隔绝尘寰的幽居来尽量沉醉吧……"好可怕的欲念呀！总之，结论是：在我们一辈子里，尤其是像你我这样过去深受了那种思想毒害的人物，所谓爱情，一定是离开群众的，神秘而玄渺的东西！是不是呢？

我这女人自来就给不了解的，虽然从前曾经有生命来爱我——像上面那样的爱的方式——而同居数载的他也未能十分充足地了解我。至于你，我敢相信你是更不能了解的（日后，你便一定能够，但现在不能肯定），而你竟爱上了我，为什么呢？不是像我同样的，完全基于神秘玄渺的那种理想么？惟其因为你我的出发点是大部分的相同，所以，你我便全都陷于不能自拔的境地！

如果说，在我们现在之间存在的是爱情，那么，这爱情完全是可轻蔑的，神秘而又玄渺的，承继了世纪以来的制度（？）而产生的东西！这不是新的爱情，不是伟大雄浑的爱情！

好，错处是在我的，因为是女人，所以世纪以来的缠绵幽婉的女人所特有的可耻的情绪便承（乘）着机会占领了我。然而我胜利了，很快乐地克服了它！至于你，我相当佩服你的强毅，你委实比我高明，不过，也还差得远，离我们所需要的人性。努力呀！太阳是光明的，血是鲜红的，跃动起来呀，我们的心脏！

新的爱情我们是创造不出来的，这有许多理由；而旧的爱情我们也该抛弃它了，这也有许多理由！历史的车轮背负了我们生活在这个时代，我们就把它抓住好了!

我们大家都是好兄弟,好朋友,我们互相策勉,我们互相搀扶着走上创造和寻求真理的道路!

"我们,我们是同学,是……"仅记着这样的话罢!可敬爱的同学呀!在这里我和你紧紧地握着手掌!!

我的金鱼依旧很悠然的游泳着,可是,我对它笑起来!!

我好快乐,因为我解决了一个难以解答的问题!

希望你帮助我勇气!太阳是光明的,热血是鲜红的!!!

一九三〇年十月十四日早上

这封信,让我们读得好费力,好扑朔迷离。昔日那个勇敢的、激进的冯铿变得踌躇难决,举步维艰。我们可以看出,冯铿当时的思想斗争是如何的痛苦而激烈,她的"自我批判"是如何的残酷而深刻!但,她为什么会表现出这样的自谴方式?她认为,她原先与许峨的爱情是"花前月下"式的,而且是离开群众的,她现在与柔石的爱情也是"花前月下"式的,也是深受旧思想毒害的结果,两者都是旧爱情,而旧爱情是自私的,可轻蔑的,该抛弃的,甚至是可耻的;那么,什么是新爱情呢?她又解释不出,更创造不出。她甚至认为共同于事业的基础,也是自欺欺人的。她只能概念地模糊里遥想伟大雄浑的新爱情,呼喊什么"太阳是光明的,热血是鲜红的!",因此,她陷入了深深的苦恼。这是她逾越了家庭障碍以后的又一障碍,甚至是更大的不可逾越的障碍。

这是冯铿的悲哀。她太"左"了，太"革命"了，以至把爱情也涂上"左"的虚无的色彩，难怪鲁迅先生对她有隔膜呢。

毕竟她是一个知识女性。毕竟她是食人间烟火的。冯铿最后的归结才是实实在在的，她承认了"我们所需要的人性"，既然存在了，"我们就把它抓住好了！"

我一直以为冯铿的苦闷在于，一面她对许峨的爱情之火正在逐步熄灭，而对柔石的感情正在日益强大，而一面又受到良心和道德的责备。细读信件，才知道她并不是这么一回事，那种爱情思考，当然离不开当时她所处的政治背景，而我们现在看来，怎么会这样的苦涩呢？！

五

柔石的反应好像比较正常。他对冯铿终于作出的抉择高兴极了。三年来，他离开家庭，孑然一身，那一天，正是柔石的生日——他出生于农历八月二十七日，恰是孔子的诞辰，所以他不会忘记这个日子，转换成公历，那一年该是 10 月 18 日——冯铿前来祝贺他，他有事出去了，冯铿只好留了个字条，怏怏而返。柔石归来见到留条，激动地在纸条上吻了三四遍，匆匆为她写了一封回信：

亲爱的梅：

　　今天我非常快乐，真是二十九年来惟一的日子，是你给我的,是你给我的！

　　同你在电车上，我不是对你说"真理是复杂的"吗？现在，我实在觉得它错了。因为我将"假真理"（人道主义的假面具）混在真理的里面，也将它当作真理看了。真理是单纯的，惟一的！下午五时同周君（即鲁迅，原注）从胡君家里出来，我们两个徒步的一直走到日升楼，我将我们的事告诉他，并将我和你的弱点也告诉他，结果我要他作结论。呵，梅，他的话完全和我们上午的行动一致的！他鼓动我许多，同时也想鼓动你，"因为"他说："我们只有这样做才对，才能配合我们的事业和理想，真理是只有一条路的。"你看，梅……

　　晚上没得见你，而且空使你跑一趟，心一时颇不安；我就将这不安在你的纸条上吻了三次，不，四次，我想，"我们有明天，后天，永远的将来的晚上……"

　　不想多写了，要译书，我的小鸟儿，祝你夜安！

　　　　　　　　　　　　　　　　　　复上

　　　　　　　一九三〇年（十月十八日）生日

　　从信上可以看出，柔石把这件事告诉了鲁迅先生，并征询他的意见。鲁迅先生支持了他们。这给柔石更大的勇气。但是鲁迅先生没有把它写进《为了忘却的记念》，这是鲁迅的明智。

　　也许从此开始，他们开始同居。他们一边参加革

1926年早春,柔石离京南归,抵上海,暂住友人家,为生计而奔波在沪杭道上。在苦闷的心境之中,他去了一次龙华,摄下此照。照片后题着:"上海龙华娘娘宫前摄影,时丙寅(即1926年)清明前一日。摄者柴时遴君。"25岁的柔石显得苍老。肥大粗硬的长袍短褂盖不住内心的落寞和无奈。再5年,他被邪恶势力杀害在这里,龙华成了他永久的归宿。

命工作,一边从事文学创作。冯铿还竭力地鼓动柔石写一部反映一个长工一生的长篇小说。于是,柔石构思了提纲《长工阿和》,并且动笔写出了开头。有一次林淡秋去看他,冯铿正在帮柔石洗脚,他笑着对林淡秋说:"你看,只要我写好《长工阿和》,她愿意伺候我!"这段日子对于柔石是温馨的,充实的。

当然,这里还有另一段小插曲,10月14日,冯铿

柔石二十章

作出了决定,10月18日,柔石写了回信。10月20日,柔石还给许峨写过一封信。信上坦言,他与冯铿相爱了,"在我,我誓如此:如冯君与你仍能结合,仍有幸福,我定不再见冯君。"面对如此棘手的问题,柔石做了一回谦谦君子,想来该是无奈之中的风度吧。这使我想起了车尔尼雪夫斯基的长篇小说《怎么办?》,两个革命者都爱上了薇拉,其中一个是薇拉的丈夫罗普霍夫,怎么办?选择是痛苦的,罗普霍夫说:"对一个人有感情,就是希望她幸福。"他毅然地离开了他心爱的妻子,成全了他们。这种高境界的理想主义的人物形象,不

冯铿也来过一次龙华,那是1929年的春天。这张图片描绘了其时其景。中立者为冯铿。后来,她也牺牲在这片美丽的风景下。

184

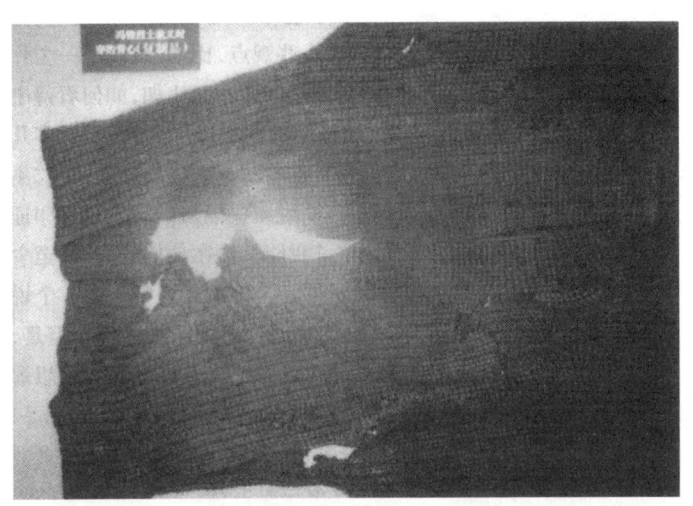

冯铿就义时穿的毛线背心,背心上留着弹洞、鲜血和誓言。

知当时柔石他们三人是否已经读到了？按理说,柔石当时翻译了不少高尔基的作品,他对俄罗斯文学是不会陌生的。柔石这封给许峨的信分明是受到这种思想影响的。

好景不长,三个月以后,柔石和冯铿同时被捕,同时牺牲。困扰化为沉寂,短暂成了永恒。

柔石与一个十六岁的少年

前些日子,我家乡来的一些青年朋友邀我去喝茶。咖啡室里很温馨,淡淡的朦胧的灯光,敞开的小包厢里,坐着三五成群的消费者,喝茶,喝咖啡,轻轻地聊天。我的年轻朋友们思想很活跃,天文地理,中外历史,政治经济,文学艺术,以及炒股票买地皮,无所不及。其间,也很见一些观点,比如,政治是一个什么样的东西?中国如何会富强?又比如,如何看待中国20世纪的历史?殖民地的香港为什么会繁荣?多几个香港又如何?等等。青年朋友们各具才华,见仁见智,原是很正常的事。论说一些偏激的观点正好印证了时代的宽容和民主。我能够坐在他们的中间,至少说明我们之间的融洽和信任。我自然不会做一个说教式的人物,对不同的意见也不用面红耳赤。但是,我也会固守我的某个观点,一代人有一代人思想形成的轨迹。我沉默,只是因为我表达的软弱。

回到家里,走进书房,我又坐到了书桌前,桌面上满是书本文稿,我正在写柔石,写有关柔石的随笔,正好写到了"柔石与一个十六岁的少年"这一篇,一个空荡荡的题目撂在纸上。

我的心绪立刻显得迷朦复杂起来。这与我刚才经历的氛围是何等的迥异！

我只能进入角色，一字一句地写下去。

柔石是1931年牺牲的，而1930年，他认识一个16岁少年的时候，才29岁。比我刚才一起喝茶的那些年轻的朋友还年轻。他那时候已经参加革命了，在上海，在白色恐怖浓重地笼罩着的上海。

他是代表"左联"去参加一个会议的，"左联"的代表还有胡也频和冯铿。会议叫"全国苏维埃区域代表大会"。这是一次为明年举行的"第一次全国工农兵贫民苏维埃代表大会"作准备的大会。

我们现在参加什么代表大会，除了责任，还有很多的荣誉。而在柔石生存的那个年代，去参加党领导的什么代表大会，却是冒着生命危险的。5月20日，来自全国各地的苏维埃区域的代表，各地红军、游击队的代表，各大城市的赤色工会代表和各地革命群众团体的代表，用各种隐蔽的方式潜入上海，陆续来到上海沪西租界的一幢洋房里。大家伪装成老太爷、太太、少爷、小姐、包车夫、厨子、佣人等身份，来参加这次非同寻常的秘密会议。

柔石的心情十分激动，他第一次亲身接触了这么多来自全国各地的共产党员和革命战士，强烈地感受到党领导的武装斗争风雷的激荡。仿佛，前线的战火硝烟也隐隐地飘染在会场上。会后，他曾经写过一篇报告文学《一个伟大的印象》，这是被人称为我国第一篇以"报告"的名义出现的文学,署名刘志清,发表在同年9月10日出版的"左联"机关刊物《世界文化》的创刊号上。编者在《编辑后记》中说:"刘志清君的《一个伟大的印象》的通讯,不但是难得的报告,又是很好的文学作品。"全文充满着飞动和呼啸的激情,一反过去柔石的低靡的文风。他在开篇中写道:

悠扬的雄壮的《国际歌》,在四壁的红色的包围中,当着马克思与列宁的像前,由我们唱过了。我们,四十八人,密密地静肃地站着,我们底姿势是同样地镇定而庄严,直垂着两手,微俛着头;我们底感情是同样地遥阔,愉快而兴奋;恰似歌声是一朵五彩的美丽的云,用了"共产主义"的大红色的帆篷,装载着我们到了自由、平等的无贫富、无阶级的乐园。

他在会上认识了一个16岁的少年。当然,他也认识了其他不少朋友,都是一些革命者,比如红军、游击队的代表,各城市来的赤色工会代表,各地革命团体代表,但柔石对这个16岁的少年特别感兴趣,特别有感情。

他是湖南人,是个少年先锋队的队长,在战场上,他曾经一个人消灭过十几个敌人,被称为"勇敢的小同志"。他这样描写这位小战士:"他有敦厚而稍近野蛮倔强的脸,皮色红黑,两眼圆而有精彩……他底发言,是简朴的,稍带讷讷的,有时将口子撑得很圆……他底身体非常结实而强壮,阔的肩,足以背负中国的革命底重任……"

看得出，柔石是倾注了感情的。他不仅感到新鲜，而且充满了敬意。16岁的少年，他见得多了，哪一个是如此勇敢的革命者？没有。他深切地感受到，他们是在同一战壕里的。这种感情，我的年轻的朋友们以及更多的正在做着发财梦或其他梦的年轻人是无法体味的。当然，这是时代的不同。我也曾想，我的那些年轻的朋友，要是处在那个时代，他们的热血肯定也会沸腾起来。凡是优秀的，有所作为的年轻人，对人类苦难的共同关注，能不引以为崇高吗？当年的柔石，正是被崇高的激情所充满的。

在那次会上，他们站在马克思与列宁的像前，轻轻地唱着《国际歌》——那时的环境，不允许他们引吭高歌，他们只能轻轻地唱，会心地唱，尽管如此，柔石也觉得歌声"是一朵五彩的美丽的红云"，在全体代表面前飘荡。他们的发言，讲话，走路，睡觉，吃饭，都得注意安全。睡觉要睡在地上，吃饭是站着的，一切都要避免桌椅板凳因移动而发出的声音。——这也是如今坐在舒适而温馨的咖啡馆里所不能体会的。

会前会后，他们也有活泼而自由的谈话天地。16岁的少年显然对柔石也产生了兴趣，他给柔石念情诗：

> 妹妹呀，你快来罢！
> 我从春天望到夏，
> 又从夏天望到秋，
> 望到眼睛都花了！

柔石说："你还是革命罢,不要做情诗。"

少年说："我是不会做情诗的,情诗是你们底队伍里的人做的。这四句诗也好像从一本什么诗集里读来的。你不知道么,在你们里面有做诗的革命的人?"

柔石笑了,紧紧地握着他的手,心里想,假如当时的环境允许,我一定会紧紧地拥抱着他,并高喊起来:

"亲爱的弟弟,我们期待着你做一个中国的列宁!"

是的,大会的主席向柔石他们介绍这位优秀的勇敢的小同志,要是条件许可,让他到上海接受两年训练,学一些文化,他一定会更出色,更优秀。无论是苏区,还是白区,他们都需要,需要这样的年轻同志,看来,谁不喜欢他呢?

在特定的时期里,阶级的感情真是深如大海。与柔石的感觉一样,参加会议的冯铿也对这位少年产生了深深的敬仰和情谊。会后,她以这位少年为素材,写了一篇小说《小阿强》,发表在同年6月的《大众文艺》"少年大众"栏目里。作者告诉读者:"历史的轮轴已经从陈旧俗套的故事上滚过",她要讲给大家"新时代的弟姐们、革命的小儿女们"的,是"很平凡然而却真真挚挚的"一个苏维埃先锋队队长小阿强的故事。小阿强生长在一个雇农家里,从小就富有反抗性格。在白军快要进村的时候,他冲出白军的把守把信送了出去。红军进村时,他高举一面血红的旗子,走在队伍前头引路!可以说,这是中国现代文学史上最早的革命少年形象,作者便是冯铿。

三天的会议如期结束了,肩负着重大的使命,他们握手分别。柔石和16岁的少年,该有怎么样的互道珍重,互致勉励?柔石的文章里没有写。柔石只是以激昂的呼喊,期待着革命的胜利。

数日后,即5月29日那天,"左联"在虹口日本记者驻沪俱乐部召开了第二次全体盟员大会,柔石和胡也频分别传达了"苏维埃区域代表大会"的精神。柔石以他激动的心情和偏低的音调,向大会报告了参加这次会议的感受。这给"左联"的作家们以强烈的鼓舞,大会通过决议,表示"完全接受参加苏维埃代表大会代表的报告"。场面是空前欢跃而又激动。只是环境使然不能欢呼。"左联"作家们的脉搏就这样与中国的革命跃动在一起。

然而,才几个月,就传来了消息,湖南的小同志——这位当过少年先锋队队长的16岁少年——被国民党反动派枪杀于南京。柔石在何时何地听到这个消息?当时又是如何的心情?没有日记的记载。但有一首诗。这首诗,真实地记录了柔石的心情:

> 血在沸,
> 心在烧,
> 在这恐怖的夜里,
> 他死了!
> 他死了!
> 在这白色恐怖的夜里——

> 我们的小同志,
> 枪杀的,
> 子弹丢进他底胸膛,
> 躺下了 —— 小小的身子,
> 草地上,
> 流着一片鲜红的血!
> ……
> 我们的小同志,
> 十六岁的人类底兄弟,
> 就牺牲在这一幕的历史上了!

  他悲痛,他愤怒,他呼喊,他抗议!几个月前,他与他还在一起亲密地交谈,还在谈革命,谈情诗,谈苏维埃的红旗,在全国山巅上飞扬,而现在,他却被杀害了;几个月前,柔石还写了《一个伟大的印象》,文中描绘了这位可亲可爱的小弟弟,而现在,他却永远地离开了人间,离开了他们共同的战壕!他像一把火一片潮,火要燃烧潮要汹涌,他的笔底就响起了隆隆的雷声。那一夜 —— 1930年10月23日的夜,是个阴森的夜,柔石独居一室,满怀悲愤,写下了这一首诗《血在沸》,副题是"纪念一个在南京被杀的湖南小同志底死"。在柔石的后期作品里,一篇报告文学,一篇诗歌,同时落笔在这个16岁的少年身上,也算是历史的多情,虽然这位小同志连姓名也没有留下。

"血在沸／心在烧／地球在震动，火山在爆发。"

"大风在飞沙／猛浪在卷石／从工厂的烟囱里喷出火／在犁锄上，土地溅出了血！"

我们不能离开时代简单地轻视或鄙薄这类诗的简单直白，正如坐在灯光朦胧的咖啡厅里论说革命的是非曲直一样，那是不适合的。太舒适的环境不能理解血与火。多少仁人志士探求真理，并为之付出了生命，一杯浅浅的咖啡怎能消受得了？这个话题太沉重了。在缺乏崇高的现今社会里，多一点崇高有什么不好？我的这些胡扯，倒并不全是说给坐在咖啡厅里喝茶的年轻朋友们听的，多半倒是说给自己听的 —— 由于写柔石，而想到的。只是又扯开了。

眷眷之心,拳拳之心
——柔石与他的母亲

一

鲁迅先生在《为了忘却的记念》一文里写道:"我记得柔石在年底曾回故乡,住了好些时,到上海后很受朋友的责备。他悲愤的对我说,他的母亲双眼已经失明了,要他多住几天,他怎么能够就走呢?我知道这失明的母亲的眷眷的心,柔石的拳拳的心。"

鲁迅所说的柔石回乡,是1930年12月23日(农历十一月初四)的事。离他被捕(1931年1月17日)已不到一个月了,离他的牺牲(1931年2月7日),也仅是一个月多一点的时间。这是他一生中最后一次回到家乡,从此,一别竟成永诀。

柔石已经3年没回家了,如果实算,也该是两年半时间了。1928年5月26日党领导亭旁农民起义,不久失败,因怕受牵连,6月初他出走上海,接近鲁迅,从事文艺和革命工作,特别是1930年,柔石该是很忙的,又是"左联"的各种会议,又要编期刊,还得挤空写文章,要请一次假回家,如果不是为母亲六十大寿祝寿,可能还下不了这样的决心。因为此前,家书多封,都说到了父母的想念，盼他回家一次，而柔石都未能成行。柔石是很孝顺的，尤其对母亲。1924年春，他在慈溪普迪小学教书时，因母亲病急，电召他回家，他急忙起程，还在宁海勾留了半月，也算是对母亲的孝心。现在，母亲要做六十大寿了，他岂能不去？母亲患有严重的沙眼病，情绪好时，尚能看清楚，心情一坏，双眼便一片漆黑。"慈母手中线，游子身上衣，临行密密缝，意恐迟迟归。"母亲的心情，柔石当是能体谅的。

母亲的寿诞宴期，定在农历十一月初一。宁海人祝寿做九不做十，也就是说，母亲到了五十九岁，该为她祝六十大寿了。但柔石总是忙，择定的日期，他未能赶到，母亲望眼欲穿，等他赶到宁海已是初四了。

初五，全家为母亲祝寿。

这是个大家庭。尽管家中嘈杂纠纷，忧衣忧食，生病的又多，而此刻，该是最热闹最温馨的时刻了，叔伯子侄，子孙三代，欢聚一堂，这也是柔石享受到的天伦之乐之绝响。

二

父亲是爱柔石的，母亲也是爱柔石的，但是爱的方式不一样。父亲按自己的人生准则对儿子常常是严厉有加，甚不理解的。比如说，早年柔石因病回到家乡，忧思"似前途都是溺人的大海"，难免唉声叹气，潸然泪下。有时候呢，一片蓝天，一朵云彩都可以让他怔怔地看上半天,家里的人就奇怪了,这天有什么可以看的?妻子说他痴了,嫂嫂讥他太闲了,老爸呢,说他整日负债一样,有什么好心事重重的?

前天晚上父亲对我说:"你很有些暮景了!一个青年,竟这样憔悴,连背都驼了。"父亲的语气很凄凉。但我是呆站在惨淡的灯前,灯光是如青色的假面一样,照罩在我的脸上。寂静了一息,他接着说:"你今年正是二十五岁呀,正该是壮气凌人的时候。你自己知道么?你却带了一身的悲和痛,躲避在家里,负了百万债似的。什么心事呢?谁给你有委屈么?还是你怨你自己之不得志?"

——《一篇告白》

而母亲则不一样了。她心疼自己的儿子,用母爱滋润着儿子的心田。柔石养病在家,她煎药熬汤,问暖嘘寒。柔石体弱,母亲便常常烧鸡给他吃。宁海当地风俗,全鸡可以补身。他却再三要大家一起吃,母亲不同意,对他妹妹说:"鸡是给你二哥吃的,分了吃是不滋补的。"每逢生日,母亲给他烧米面吃,这也是宁海的风俗,以至柔石在外地过生日时,心里不禁喊出来——母亲呀,你何时再能为你流落的儿子烧碗米面呢?在面上放着两只蛋,一条鸡腿!慈爱的母亲,心头总牵挂着远行的儿子。她常常为全家担惊受怕,尤其为柔石担惊受怕。"老鸦叫了一声,就想到你了。——好呢,还病着?但你哪里能知道!"所以,当柔石的哥哥在1928年底去上海探望柔石时,母亲连声说:"去望望福(柔石原名)也好,去望望福也好。"她满心欢喜。她本不愿平西出去的,只有说去看柔石了,她才说好。母亲最喜欢他,最肯听他的话。柔石的妹妹赵文雄曾经回忆过这样一件事:"放寒假了,小哥终于回来了,照例他先来看望母亲。当他发现我缠着小足时,小哥当即就和气地劝说母亲,要求放开我的缠足,讲了很多道理,还说杭州城里缠足已经不流行了。在他的争取说服下,思想有点开通的母亲终于答应了,当天就解放了我的缠足。"

1925年,柔石在北京做旁听生,那是他一生中生活最艰苦的时候,他在9月15日晚上记下日记:

我怎的会如此脆弱、心寒、胆怯,不如一个婴儿!这样的秋夜,静寂、冷清、凄凉,我简直不能忍耐,我简直要流出泪来!母亲呀!你离我太远。否,我离你太远了!我真想钻进你的怀里而抱一息,使我温暖一下,恢复我的惧怕的心。这样寂寞凄凉的秋夜呀,真不知如何度!

人在痛苦绝望的时候,期望母亲的温暖和滋润,大约是人的天性。柔石也一样。

柔石曾在小说《旧时代之死》中,写到主人公的母亲:"这时,他想起他家乡的母亲——一位头发斑白了的老妇人,偻着背,勤苦地渡着她日常细屑的生活。她嚼着菜根,穿着粗布的补厚的衣服,她不乱费一个钱,且不费一个钱在她自己的身上,她只一文一文的贮蓄着,还了债,并想法她两个儿子的婚姻。她天天挂念着他,希望他身健,希望他努力,希望他顺流的上进,驯伏地向社会做事,赚得钱来。就不赚钱也可以,只要他快活地过去,上了轨道的过去,为了盲目的未来而祈求吉利地过去……"《旧时代之死》浓重地投影着柔石的大量书信日记,那么,这位主人公的母亲,是否也交织着他自己母亲的形象?

是呀,辛苦操劳了一生的母亲,"手浸在冷水中要颤抖"的母亲,"夜间在灯下缝补要出眼泪"的母亲,这辈子受了多少惊吓呢?大女儿玉玫得病死了,才一周岁多的孙儿(柔石的第一个儿子)旦华患天花夭亡了。后来——1936年夏,她的长孙,平西的长子——恩,在上海大陆师范读书成绩很好的恩,患了脚气病,接回宁海,没几天便亡了。——柔石的母亲的一生,曾担了多少风险呀,曾流了多少眼泪呀。——不是年轻的为年老的送行,而是白发人送黑发人,人间还有比这"黄梅不落青梅落"更为悲痛更为不幸的吗?流了太多眼泪的母亲双目能不患病吗?

现在,柔石来参加母亲的寿诞之贺,只小住了不到一个星期,又要回上海去了,母亲哪里能肯呢?她若晓得这就是生离死别的最后一面将如何?她不晓得。她要他多住几天,她不让他立即就走。可是柔石又怎么能做得到?上海有多少事情等着他去做呢。就这么短短的几天,不知情的朋友们还责备他呢。

三

柔石遇难以后,鲁迅先生首先想到了他的母亲。"梦里依稀慈母泪",该是鲁迅先生悲愤心情的写照。以己度人,他"知道这失明的母亲的眷眷的心"。当《北斗》创刊时,他就想写点文字,纪念柔石,然而不能够。他只得选了一幅珂勒惠支(Käthe Kollwitz)夫人的木刻,名曰《牺牲》,是一个母亲悲哀地献出她的儿子的画面,算是鲁迅先生只有自己知道的对柔石的纪念。这段话也写在《为了忘却的记念》一文里。后来,我看到了这幅木刻。那刀法显得如此凝重。一笔笔都如刀削斧凿一般。悲哀的母亲,伟大的母亲,深明大义的母亲,闭着眼睛,捧送着鲜活婴儿而义无反顾,让我感到了回肠荡气般的冲击。我不懂木刻,也不懂珂勒惠支夫人,只是从萧红的回忆文章上读到,鲁迅先生喜欢她的画,也佩服她的为人,她受希特勒的压迫。但我可以读懂,这幅小小的木刻,承载着如何样的生命之重啊!

当时这个噩耗,是瞒着柔石的母亲的。柔石在狱中对探望的朋友也有这样的盼咐,他曾写条子给林淡秋,说无论如何要瞒住他的老母,不能让她知道。但是,时间长了,如何瞒得住呢?最后只能告诉了她,儿子被反动当局抓进牢里去了,说要关几年。这对母亲是如何样的打击呀。她开始了漫漫长夜的等待,等待

柔石 二十章

鲁迅在《为了忘却的记念》中写道:"……我记得柔石在年底曾回故乡,住了好些时,到上海后很受朋友的责备。他悲愤的对我说,他的母亲双眼已经失明了,要他多住几天,他怎么能够就走呢?我知道这失明的母亲的眷眷的心,柔石的拳拳的心。当《北斗》创刊时,我就想写一点关于柔石的文章,然而不能够,只得选了一幅珂勒惠支(Kaethe Kollwitz)夫人的木刻,名曰《牺牲》,是一个母亲悲哀地献出她的儿子去的,算是只有我一个人心里知道的柔石的记念。"

她的儿子出狱归来。到底要关几年呢？她做梦。有一次，她梦见房里挂了三件长衫。对了，人家说要关几年，三件长衫，就是三年吧。三年过去了，依然没有消息；人家说，会不会是这样的意思——衫谐音三，三件长衫就是三个三年，三三得九，要九年呢。对了。九年总会过去的，就等九年吧。可怜的母亲，就这样半睁半瞎着双眼，盼着她的儿子归来。没有等到九年——1937年，柔石的母亲终因积劳成疾，伤心过度离开了人间，享年66岁。临死前，她还殷切地盼望"天开眼"。当地流传，阴沉的天空露出一束光芒叫"天开眼"，投给人间以希望。据说，当年柔石考进"浙一师"，赴杭就读的那一天早晨，曾出现过这样的现象。而现在，天若能"开眼"，儿子便能释放回家。这就是母亲最后的心灵祈求。然而，在那黑暗年月，老天始终未曾开过眼。流了太多眼泪的母亲，眼睛是真正的瞎了。九泉之下，她会见到自己心爱的儿子而双目一亮吗？

柔石 二十章

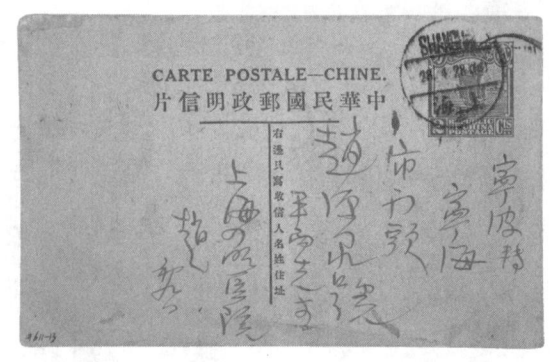

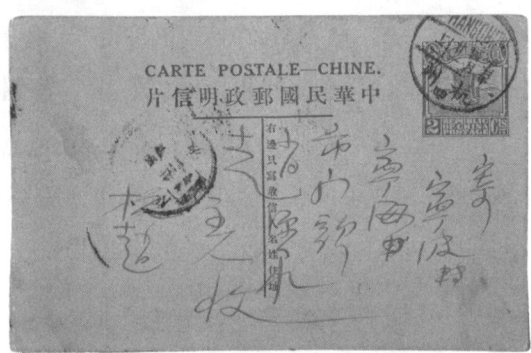

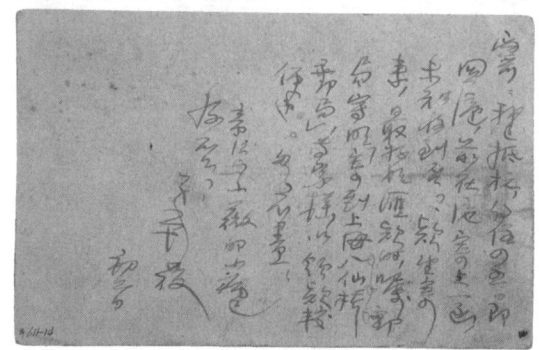

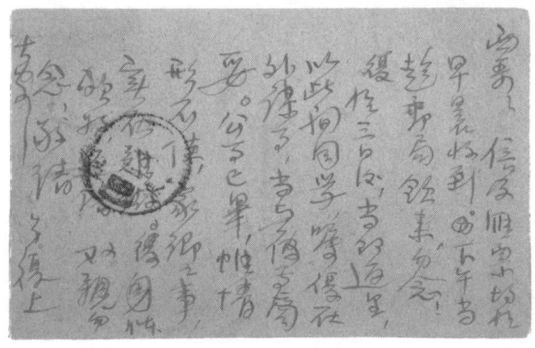

柔石写给哥哥赵平西的家书（明信片）。

龙华桃花

一

唐朝著名诗人皮日休,曾经写了一首关于龙华的诗:

> 今市犹存古刹名,
> 草桥霜滑有人行。
> 尚嫌残月清光少,
> 不见波心塔影横。
> ——《龙华夜泊》

诗中的古刹、塔影穿越千年风雨,延续至今,而草桥、碧波、田畴、村落,如今早已被现代化的繁华取代了。但是,龙华的悠久历史却薪火相传,大概那个时候上海的名气,是不能与龙华相提并论的。

相传龙华古寺建于三国时期,孙权的母亲十分信佛,孝顺的儿子便为国太造了一座雄伟的寺院,香火很旺盛,龙华这个地方便因此得名。而龙华塔的出现则稍晚一些,现在的式样,据说是保持着宋代的遗风。从图上看,那座龙华塔特别的玲珑,娉娉婷婷,全是江南的妩媚和灵秀，北方怕是造不出来的，更何况龙华的出名还因为有一片桃花，如云似雾，闪闪烁烁，非常的灿烂，让人想到《诗经》里的"桃之夭夭，灼灼其华"这样美丽的句子。因此每至阳春三月，花事一盛，又逢龙华庙会，上海人就会老远地从楼群密集的都市里，涌向这片大自然的纯情。礼佛、观花两得，进香、游览双兼，何乐而不为？故沪地有谚云："三月半，游龙华；到龙华，看桃花。"说的便是这番盛景。

然而，我对龙华长期来总有一种悖逆和怪诞的情绪。这是因为，这样美好的地方，一度竟是鲜血横流、尸陈遍野的杀人场。这是怎样的错位啊。

早在辛亥革命之后，北洋军阀就在此设立了淞沪护军使署，蒋介石发动"四一二"反革命政变后，这里更成了疯狂镇压共产党人和革命志士的罪恶场所。从龙华烈士陵园提供的资料中可以看到，从1927年到1937年的10年间，在此被害者数以千计，著名的共产党人如陈延年、赵世炎、罗亦农、陈乔年、彭湃、杨殷、恽代英等都在这里遭害，曾经引人注目的包括柔石、殷夫、胡也频、李求实、冯铿"左联"五烈士在内的"龙华24烈士"，也遇难于此。

从此，龙华便多了一分恐怖和血腥。

鲁迅先生说："至于看桃花的名所，是龙华，也有屠场，我有好几个青年朋友就死在那里面，所以我是不去的。"

有如"黄花岗""歌乐山""雨花台"等地一样，龙华的土地也浸透了滚烫的热血。我一直惊奇这些用来扼

"左联"五烈士殉难20周年和30周年时,上海的《解放日报》和《文汇报》分别刊登纪念文章。

杀生命、扼杀真理的地方,都有一个非常美丽、非常富有诗意的地名,难道唯其如此,才更显出邪恶势力的残忍?抑或是志士的灵魂躯体与青山碧水红花绿叶永驻?

龙华寺的钟声年年如故,敲着大慈大悲;桃花园里的花色岁岁常艳,映着至情至美。而与之相邻的却是残暴与邪恶。这种共存,岂非是一个被错乱了的怪诞?

二

我选了一个桃花盛开的季节去龙华。我一直想去拜谒的"左联"五烈士的墓地,就在烈士陵园内。人们总是把烈士的鲜血和桃花联系在一起,"墙外桃花红十里,长留颜色照英灵"。天气很好,微雨初晴。想象中的十里桃林已经没有了,历史上曾辟有数百亩的桃园,可称花海红浪蔚为壮观,如今早已杳然无存,而展现在眼前的却是一座气势恢宏、格局非凡的"龙华烈士陵园"。

龙华烈士陵园可称之为上海人的大手笔。说它是上海的标志性建筑物之一,也是丝毫不为过的。

从前面铁栅门入内——走的是边门。据说正大门是从来不开的。效法的是过去所谓"文官下轿,武官下马",以示虔诚之意,只有皇帝来了才能开。这个说法显得意味深长,不敢妄加推论。但用来表示对烈士的尊敬,也可理解。所以,上海市从 1995 年起,每年清明,市委市政府在此举行隆重公祭,走的也是边门。

其实,铁门内还有一座大理石竖成的正大门,我们是可以通过的,上面嵌着金色大字"龙华烈士陵园",邓

解放后,人们在过去的荒场下找到了烈士的遗骸。1950 年 4 月,公葬于上海大场公墓,后来又迁葬到上海龙华烈士陵园。

小平的手书。而地面上铺着的花岗石似乎很有寓意，一块红的一块白的，红白相间，人说，这是象征着用先烈生命铺成的基石，而后人是踏着烈士的血迹在前进的。

不经意间，我的眼前浮起了一块红云，啊，竟是桃花，我终于看到桃花了。虽然还说不上是一片花海，却真是很灼人，如殷红的颜料滴染在宣纸上，漫漫地洇了一片。春风吹来，桃枝摇曳出无限的风情。

想当年，柔石和冯铿也曾分别来看过桃花的。至今还保留着柔石的一张照片，长袍短褂，右手叉腰，站在寺院的廊檐下，照片背后有柔石亲笔写的一行小字，为："上海龙华娘娘宫前摄影，时丙寅（即1926年）清明前一日，摄者柴时遴君。"可见是为春天。诗人气质的柔石该不会对龙华的桃花无动于衷吧？巧的是，冯铿也有当年的一张素描图，画的是冯铿一行3人，漫步在龙华公园内，宝塔亭亭，桃林丛丛，图片下注明的时

半身埋于地下，一手擎起蓝天。面对龙华无名（当然也包括有名的）烈士陵墓的巨大雕塑，你可以静默几分钟。它使人变得简单。一切得意之举都相形见绌。绿卡、告密信、春药、排满街头的名片、付费入选的世界名人录，还有令人费解的哲学格言，等等，在此面前，显得渺小或卑劣。

龙华桃花

间则是1929年的春天。

生活中为什么会有这么多的巧事呢?柔石、冯铿当年来龙华看桃花,怎么也不会想到,这片美丽的桃林,就是他们永久的归宿了,曾几何时,他们长眠在这块撒满花瓣的土地里了。

陵园的格局可谓大矣,方圆数里。绿树、红花、雕塑、建筑、碑记,洋洋大观,尽是风光。

沿主轴线前行,有烈士纪念碑,江泽民题词:"丹心碧血为人民"。纪念碑别具一格,不是高耸蓝天的那一种,而是横卧式的,有人说是让烈士安息的意思,也是一种意境吧。世界上的建筑审美乃至一切艺术审美,很难有划一的标准,有一种理由充足的诠释,便自成一说。

广场两边有雕塑,主题分别为"独立·民主","解放·建设",整个群体跃然凌空,极具飞动之气势。再

脚镣就是在这被钉上的。

"左联"五烈士及其他同时牺牲的烈士新的墓地。

前行,有玻璃金字塔的"龙华烈士纪念馆",为陈云书写。进内参观,可见上海先驱、革命烈士的英雄业绩之展览。继续前行,有气势恢宏的无名烈士墓。那尊巨大的雕塑是震撼人心的。塔松,绿地,无名烈士一手托起蓝天,侧卧着的半个身子已埋入土地,含义当是很明了的。前面有一簇"长明火"正在熊熊燃烧,象征着烈士的精神不朽。

终于到了墓地。很快就找到了"左联"五烈士柔石他们以及与他们同时遇难的革命志士共 24 人的墓碑。墓地静静的,我也把脚步放得缓缓的,轻轻的。我把一束鲜花端端正正地安放在墓前,深深地鞠了一躬。天空蓝在头顶,草坪绿在墓侧,周围是一片繁红艳紫。星移斗转,换了人间。你们是有知也无知?我的情绪忽然汹涌起来,忽然觉得墓内的英魂,肝肠未冷,壮心犹热,也许会在哪一天长啸醒来,与我们诉说当年的风雨长夜该是如何的惊心动魄?

三

看陵园,不能不看当年保留下来的几处遗址。离开陵园主轴线,左侧有两处旧址,一是上海淞沪司令部的门楼及监狱,二是烈士就义的刑场。

走进监狱,就走进了一个非常特殊的环境。在黑暗年代,这里该是如何样的恐怖和阴森?血与火,生与死都在这里交织。陪我同行的唐君介绍,当年的监狱已不复存在,早在抗战之时就被日本人毁去。而现在眼前的几幢牢房,是综合了几位曾在此间拘禁过的老同志的回忆以及知情人提供的情况而复原建造的,是为监狱的遗址建筑。

进院子,可见一大青石,上面钉放着一副脚镣。当

当年因禁柔石的牢房和高低床。

刑场的一角已被艺术化了,但囚衣和镣铐仍然冷酷。忽然想起了高尔基说过的一句话,人的生活方式只有两种——腐烂或燃烧。

时被捕者就在这块石上钉镣。最重之镣达18斤,钉上后行走之艰难可想而知,可说如蚂蚁移步,故有"半步镣"之称。柔石当年也是上了镣的。显然,国民党反动政府是把他们当作重刑犯了,"开政治犯从未上镣之纪录"。但鲁迅先生说,其实并非如此,政治犯上镣也并非自他们始。看守所分男女囚室,男囚室南北并列三幢,当年分别称作"天""地""人",也叫一、二、三弄,每间囚室置4至5张双人床,即高低铺。柔石和欧阳立安同囚于二弄9室,柔石睡上铺。当时柔石受了刑,又上了镣,上床真比上山还难,他只好贴着身子移动,跪着爬上去,跪着爬下来,常常磨得全身皮开肉绽,血迹模糊,一躺倒,便麻木得不能动弹。是难友们为他包扎了伤口。在那滴水成冰的寒冷天气,他没有棉被,于是与另案的一个难友拼铺。他叫柴颖堂,也睡上铺。冰冷的脚镣触及皮肉,常常让人夜半惊醒,因此,他们每晚在睡觉前,相互帮助用干毛巾把脚裹住。柴颖堂

龙华桃花

211

还帮柔石脱裤穿裤,难友之间的情谊真是山高海深。

几张破席,一卷破被,一只发着臭味的马桶,半缕从门外透进来的微光,这就是牢内的全部了。人站在这里可与历史对话,但又能说些什么呢?

去刑场,要通过一段很长的地道。不知是由于方位路线,不能从地面径直前往的缘故,还是设计者的特殊构思,走这段地道时的心情确是被改变了。壁灯昏黄,地道幽深,让人生出仿佛是通向另一个世界的感觉。

出通道口,就是昔日军法处的刑场了。一片旷地,满目荒草。小桥,方塔,池塘,杂树……全圈在篱笆之内,一如旧貌。面积并不大,约四亩光景,这是当年无数个刑场中的一处。

如果忆想柔石就义时的一些细节,能一一对应吗?

1931年2月7日夜晚,风雪在黑暗中狂舞。牢子里,突然弥漫着一种异常的气氛。那个像鸦片烟鬼样的看守长走进号子,用手电筒对着每个人的脸上照了一遍,又出去了。大家互相询问,为什么今天戒严特别紧张?为什么晚点名时,监狱里布满宪兵,一派荷枪实弹,如临大敌?有人说,今天是"二七"大罢工的纪念日,怕是为此而戒严吧?

半夜,鸦片烟鬼带着宪兵突然来提人,大家立即警觉起来,纷纷责问:"这么晚来,你们究竟要干什么?"

回答说,南京已经造了大牢,趁最后的一班车,把你们送到南京去。

柔石匆匆地把文稿——他在监狱里还不忘事

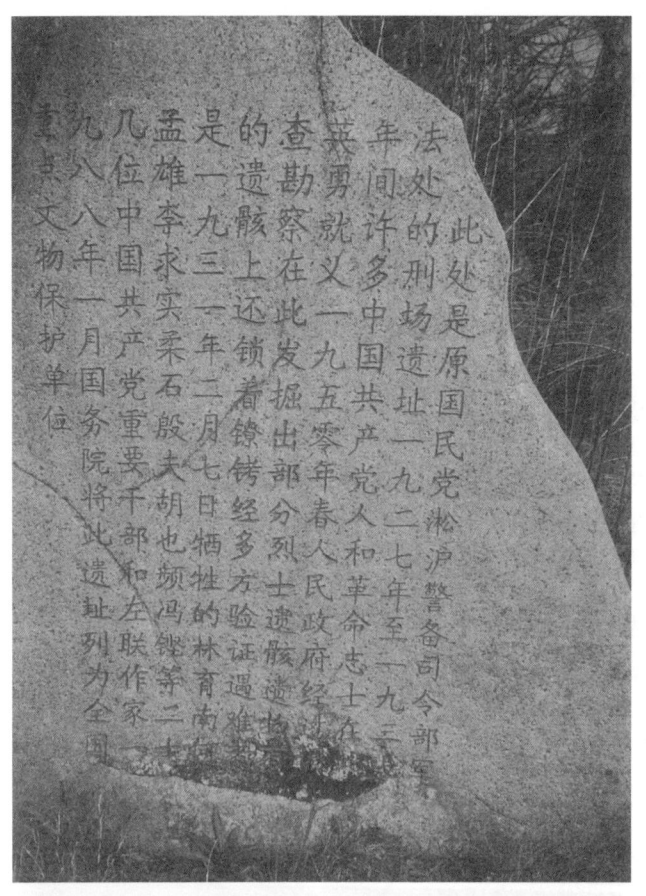

当年的刑场现在已被列为全国重点文物保护单位。静静地站在这块石碑面前，还能听到当年风烟的呼啸和生命的呐喊。

龙华革命烈士就义地。

龙华桃花

业和写作,仍在记录着一些狱内所见——交给了柴颖堂,说道:"这些东西,请你代我保管好,将来是有用处的。"(可惜,后来这些稿子还是被敌人给搜走了。)宪兵把柔石他们押到了二楼审讯室。昏黄的灯光下,军法官、国民党中央党部的清党委员等等,凶神恶煞地围了一圈。军法官就着案卷一一对着照片,问了各人的姓名、籍贯等,然后要他们按上指印。开头两位不知究竟,糊里糊涂地盖了,轮到第三个是柔石,他看清是"执行书",立即高声呼喊:"同志们,这是执行书,我们不盖!"后面的欧阳立安一听,愤怒地大喊:"不盖,我们犯了什么法?"难友们个个义愤填膺,群起责问,法庭一片混乱。伪法官连忙命令:"立即拖去执行!"一群宪兵冲了上来,拖了就走,拖过弄堂,拖过小桥——就是眼前这座木板铺成的小桥吧?——到了荒场上,旁边是制造局的一支黑黝黝的大烟囱。

顿时,一阵壮烈的口号声响起。

罪恶的枪声也响起。

柔石他们就这样壮烈地牺牲了。共计24人。柔石头部和胸部连中了10弹,欧阳立安的身子倒在他的胸脯上。这些细节,是过了半个月后,难友们从看守的口里打听来的;而监狱当局要几个难友于翌日去殉难者的身上敲卸脚镣,却是他们的亲眼所见。遇难者身上的衣服、帽子、皮鞋,全被刽子手们剥个精光,女犯身上还留一点残衣。我们现在看到的那件染血的有着几

"左联"五烈士被害的地方——荒场一角。

个弹洞的毛线背心,是冯铿的。

气象消息报道,那一天,是上海38年来最寒冷的一天,阴沉的天空,一直飘着大雪……

第二天,他们被埋在旁边的一个土坑里。

我的眼前,土坑依旧,积了一些水。荒草萋萋,枯枝丛丛。眼下的天气已经是很暖和了,阳春三月,阳光铺在寂寂的荒场上。一些不知名的小花点缀其间,摇着春光。对着萧瑟的土坑,我肃立着,静默了好久。

四

出来的时候,我又看到了那片桃花,鲜艳,灼人。心里想,我也写首诗吧。但我终于没有写。那么多的

柔石二十章

柔石他们就义时走过的小桥。

柔石他们就被枪杀在这里。土坑依旧，荒草萋萋。几朵不知名的小花摇着春光。

上海市委、市政府为上海市龙华烈士陵园所立的碑文。

著名诗人,甚至毛泽东都写了,我还能写什么呢?

毛泽东的诗是这样写的:

> 博大胆识铁石坚,
> 刀光剑影任翔旋。
> 龙华喋血不眠夜,
> 犹制小诗赋管弦。
> ——《纪念鲁迅八十寿辰》

此诗作于1961年,后来刊登在中央文献出版社1996年出版的《毛泽东诗词集》里。过去很少读到。毛泽东因纪念鲁迅而写诗,而想到鲁迅那首著名的七律《惯于长夜过春时》,因此又想到龙华,想到牺牲的柔石他们。有这一点很重要。历史有时候是很烦人的,谁坐过牢,谁被杀害了,谁左谁右,谁是叛徒,谁是内奸,还得经受无穷无尽的政治审查。幸亏对柔石等24位共产党人的遇难,早在1945年4月26日,中共六届七中全会通过的《关于若干历史问题的决议》就作了结论:"……至于林育南、李求实、何孟雄等二十几个党的重要干部,他们为党和人民做过很多有益的工作,同群众有很好的联系,并且接着不久就被敌人逮捕,在敌人面前坚强不屈,慷慨就义。……所有这些同志的无产阶级英雄气概,乃是永远值得我们纪念的。"

写诗的不只是毛泽东,还有很多名人和烈士,如李主一、殷夫、邓中夏、郭沫若、柳亚子、吴玉章、萧三、艾青、李一氓、赵朴初等。这些诗都被镌刻在陵园里的碑林上——这是一片美轮美奂、精美至绝的碑林，竖着艺术，竖着生命，竖着人间正气，让人吟诵回味，崇敬不止。而传诵得最广泛最通俗的，我以为还是张恺帆写的一首诗：

> 龙华千古仰高风，
> 壮士身亡志未穷。
> 墙外桃花墙里血，
> 一般鲜艳一般红。

再见了，龙华桃花。

2002年9月，上海有关方面举办"柔石诞辰一百周年纪念座谈会"。一晃间，20年过去了。这张合照中有柔石研究专家丁景唐，著名作家叶辛，柔石的儿子赵帝江、赵德鲲等人，我也忝列其中。惋惜的是有的已经不在了。

星移斗转，岁月匆匆。一晃之间，又过了20年。柔石故居早已修缮一新，成为宁海县城一个重要的文化标识。2022年6月24日，我们专程来到这里，瞻仰这位才华横溢而惨遭反动势力杀害的英烈。与我同行者有宁波出版社社长袁志坚、再版之责任编辑苗梁婕、宁海县文联主席王苍龙。我们在风格拙朴的故居门前合了影，陪同的还有故居管理人员小陈。

千古绝唱：《为了忘却的记念》
——柔石与鲁迅之三

一

上海龙华烈士陵园的一侧，有一片多姿多彩的碑林。碑林占地20余亩，由碑亭、碑廊、碑壁、碑石等多种形式组成。在这片浩浩泱泱的景观中，有一处特别令人瞩目而感动，这就是南碑壁上刻着一篇鲁迅先生的长篇文章《为了忘却的记念》。我曾经走过不少地方，碑林所见不少，多是一碑一诗或几个大字的，似这等气势 —— 由24块高160厘米，宽70厘米的"蒙古王"花岗石组成碑面，洋洋洒洒刻下鲁迅先生175行5000余言的原稿手迹 —— 却是从来没有见到过的。

站在碑前，我很被一种情绪感染，历史与现实，革命与人性，光明与黑暗全在这里交织，它当然很有艺术美感，就像一件完美的艺术品。书法、雕刻、用石、款式以及嵌金的色泽等等，都是一流的，但是此刻，我觉得用艺术美去审度它、欣赏它是远远不够的。它不能表达我的心情，也不能承载这座碑壁本身的重量。"欣赏"这两个字太轻太浅了。

我又一次从头阅读。已经不知读过多少遍了，少

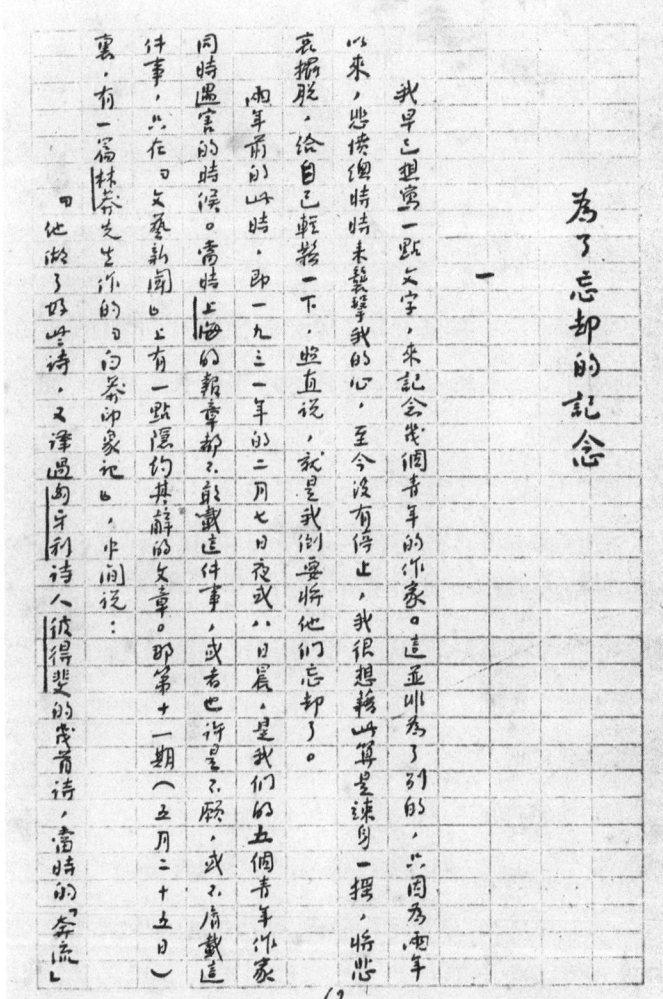

鲁迅先生《为了忘却的记念》手稿。

年的时候,我就曾读过它,它被选在中学语文课本里,记得为这篇文章,我曾作过一篇作文,得了一个好成绩,现在想起来,令我脸红。年轻的我,又如何能读懂这样凝重而深沉的文字呢?直到如今,每读一遍都会有新的触动和遥想,都觉得还是没有读好,读够,真正的读懂。文章作到这样的程度,大概可算天地之一绝了。

二

《为了忘却的记念》是鲁迅先生在 1933 年 2 月 7 日夜至 8 日写的。两年前的这一天，柔石等"左联"五烈士遇难。"前年的今日，我避在客栈里，他们却是走向刑场了；去年的今日，我在炮声中逃在英租界，他们则早已埋在不知那里的地下了；今年的今日，我才坐在旧寓里，人们都睡觉了，连我的女人和孩子。"

两年来，鲁迅的心情一直没有好过。"不是年青的为年老的写记念"，而是"许多青年的血，层层淤积起来，将我埋得不能呼吸，我只能用这样的笔墨，写几句文章，算是从泥土中挖一个小孔，自己延口残喘，这是怎样的世界呢。"

这是怎样的一种悲愤和反抗！

在"左联"五烈士中，鲁迅与李伟森没有会见过，胡也频只见过一次面，冯铿见过几次面，殷夫则算比较熟悉了，而接触得最多、感情最深的是柔石。因此可以说，《为了忘却的记念》，着墨最多的主人公也是柔石。

他从心里喜欢并关爱着这个从方孝孺家乡来的文学青年。从最初认识到频于来往，直至柔石也住到了景云里后的朝夕相处，他与柔石结下了浓厚的师生之情。柔石成了他当时在上海"惟一的不但敢于随便谈笑，而且还敢于托他办点私事的人"。他们一起弄文学，编"朝花"，办期刊，搞翻译，乃至后来一起筹备成

鲁迅经常让柔石去内山书店帮他买书或取书。

立"左联",投身于革命文学活动;他帮柔石看稿子,介绍《旧时代之死》的出版,为《二月》写序;他们一起看电影、看画展、看樱花、喝咖啡、上书店……一段时间,真是形影不离。鲁迅先生说:"他和我一同走路的时候,可就走得近了,简直是扶住我,因为怕我被汽车或电车撞死;我这面也为他近视而又要照顾别人担心,大家都苍皇失措地愁一路……"这是怎样的令人感动的画面呵,一老一小,东躲西闪,瞻前顾后,相互保护……

翻开鲁迅1929年至1930年的日记,几乎每天都有柔石的记载。除夕之夜,鲁迅与他的家人邀柔石一起吃年夜饭;海婴满周岁,柔石给小海婴送去可爱的绒制小熊,大家一起吃喜庆面;鲁迅的家乡送来绍酒越鸡,便约柔石,后来还有冯雪峰一起来共享。鲁迅先生简直把柔石当作自己家里的亲人了。鲁迅先生的一些细碎小事,也是托柔石帮助做的,如给白莽送书,上商务印书馆卖书,陪同择选新居,帮送译稿,取版税,交稿费,以及送先生赴京探母,为先生五十诞辰祝寿等等。那些日子,对于柔石,同时也是对于鲁迅,忘年交的友情是多么的温暖啊。

鲁迅先生说柔石,"无论从旧道德,从新道德,只要是损己利人的,他就挑选上,自己背起来"。

在《为了忘却的记念》里,鲁迅先生满怀深情为我们勾勒了一个忠诚的、踏实的、可信赖的且有点迂气的文学青年的形象,这就是柔石。

三

柔石是在1931年1月17日那一天被捕的。

16日的晚上,他还与鲁迅先生见过面。明日书店要出一种期刊,请柔石去做编辑,他答应了;书店还想印鲁迅的译著,便托柔石来问鲁迅版税的办法,鲁迅便将他们和北新书局所订的合同,抄了一份交给他,他往衣袋里一塞,匆匆与鲁迅告辞了。那时候,柔石确实

1931年1月17日,柔石在东方旅社参加一个党内秘密会议,由于叛徒告密,不幸被捕。

忙。因为是党内的会议,他没有告诉鲁迅先生——想不到,这就是他们的永诀。

关于那次会议的背景和性质,如今已经清楚了。1931年1月7日,在共产国际代表米夫的干涉下,召开了党的六届四中全会,王明上台担任要职,并发表了一个比李立三更"左"的报告——《为中共更加布尔塞维克化而斗争》。这个报告在上海"文总"传达后,引起大多数党员的不满,大家反对王明"左"的路线。当时党内矛盾激化,局面十分复杂,几乎到了不可收拾的地步。而何孟雄和李伟森则是反对王明最有力的人物。由于李伟森负责文化方面的工作,又熟悉"左联"的人,便联络了柔石、胡也频、冯铿、殷夫等人来参加这个会议。会议的主题当然是反对王明的"左"的路线。会议在东方旅社——当时"苏准会"秘密接头地点——召开。

可是,叛徒告密了,向工部局告了密。特务们早就有了埋伏,与会者全部被捕。有关被捕和捕后的党内纷争,这一长期以来的历史之谜,党史专家们又有了许多新的破解,但已不是本文想说的题旨了。但当时还有一个大背景,却是不能忽视的。即蒋介石在开始对中央革命根据地大规模的反革命军事"围剿"的同时,也发动了对上海等地的反革命文化"围剿",其残酷,其凶狠,是举世未有的。一道道密令从南京飞往上海,取缔进步团体,通缉进步作家,已成挽弓之势,白色恐怖,乌云密布,刀丛剑阵,四处埋伏。此时,柔石等人落到了他们的手里,其严酷程度是可想而知的了。

柔石化名赵少雄。但他的口袋里有鲁迅交给他的那张合同,这可是一个麻烦。当天下午,巡捕把他押到明日书店,问书店经理林达青是否认识,林达青见柔石咬牙示意,否认了。但是林已经知道了事态的严重,柔石的双手分明上了手铐。他急忙跑去告诉柔石的同乡王育和:"不好了,赵先生出事了。"同时又派学徒给

柔石被捕后,鲁迅得到消息,因为柔石口袋里藏着他那印书的合同,巡捕房正在找寻他,为安全计,他举家出走。避难所就在离拉摩斯公寓很近的黄陆路31号花园庄旅馆(今黄渡路49弄5号),图即为由内山完造的朋友日本人与田丰蕃开的花园庄旅馆。

林淡秋送去小条子:"老赵患急病,进了医院。"当天夜里,冯雪峰有事去找柔石,他敲开后门,却见王育和家的女工向冯摇手示意,二楼已有包打听在候人了,因此冯雪峰也知道柔石出事了,马上就去告诉鲁迅。而王育和也派魏金枝火速去向鲁迅报告。几方面的消息几乎同时涌来,情况来得如此突然,鲁迅先生料想不及。其时,鲁迅先生也是被反动当局作为"堕落文人"列入通缉名单的。从后来柔石在狱中写来的信中也可以看出,当局曾几次查问鲁迅的地址,鲁迅的安全成了朋友们关切的焦点!朋友们都劝鲁迅先生暂时避一避吧。鲁迅能说什么呢?"我不是高僧,没有涅槃的自由,却还有生之留恋,我于是就逃走。""这一夜,我烧掉了朋友们的旧信札,就和女人抱着孩子走在一个客栈里。"

1月20日下午,鲁迅在日本友人内山完造的帮助下全家避居在日本人开的"花园庄公寓",满屋子水气,满屋子凄凉,直至2月28日才回寓。

四

《为了忘却的记念》一文,写得最动人之处是鲁迅先生对柔石在狱中的关念,作为师生、作为朋友的深情厚谊充溢纸面。

那时候,鲁迅自己的处境已很艰难。种种谣言随风而起。或说他已被捕,或说他已被杀,谣言的背后其用意不言自明,无非是暗示特务对鲁迅下手,因此很让鲁迅"老母饮泣,挚友惊心",母亲在北京为此得病,许多友人或打听或来信向鲁迅询问。1月21日,他给北京的许寿裳一信,隐去真名,借事辟谣:

"季黻吾兄左右昨至宝隆医院看索士兄病则已不在院中据云大约改入别一医院而不知其名拟访其弟询之当知详细但尚未暇也近日浙江亲友有传其病笃或已死者恐即因出院之故恐兄亦闻此讹言为之黯然故特此奉白此布即请道安。弟令斐顿首"(许寿裳《我所认识的鲁迅》)

这谣言也很快传到日本,日本友人也为之焦急。2月4日,鲁迅给日本友人作答说:"我自旅沪以来……

鲁迅抄下的柔石在狱中写出的第一封信，是写给冯雪峰的。丁景唐撰文说："柔石的第一封信，6厘米×19.5厘米，白纸，正反面有铅笔字迹，纸色因年久已变焦黄，铅笔字迹因年久而模糊。"（1963年11月17日《人民日报》）鲁迅在《为了忘却的记念》一文中引用此信时，将"大先生"改为"周先生"。

仍为左翼作家联盟之一员。而上海文坛小丑，遂欲乘机陷之以自快慰。造作蜚语，力施中伤，由来久矣。哀其无聊，付之一笑。上月中旬，此间捕青年数十人，其中之一，是我之学生。……飞短流长之徒，因盛传我已被捕。通讯社员发电全国，小报记者盛造谰言，或载我之罪状，或叙我之住址，意在讽喻当局，加以搜捕。"（《鲁迅书简》）

鲁迅处在四面受敌、朝夕莫测的危境之中，身居牢狱的柔石当是可以想见的，所以柔石没有直接给鲁写信,信中也不能直呼其姓,以"大先生"代"周先生"之称谓。为了保护鲁迅先生,他坚拒敌人的盘问,严守鲁迅的地址,为此,鲁迅先生很为感动。柔石的第一封信是写给冯雪峰的:

雪兄:

我与三十五位同犯(七个女的)于昨日到龙华。并于昨夜上了镣,开政治犯从未上镣之纪录。此案累及太大,我一时恐难出狱,书店事望兄为我代办之。现亦好,且跟殷夫兄学德文,此事可告大先生,望大先生勿念。我等未受刑。捕房和公安局几次问大先生地址,但我那里知道。诸望勿念。

祝好!

赵少雄

一月廿四日

[背面]:

洋铁饭碗,二三只,如不能见面,可将东西望转交赵少雄。

冯雪峰把信交给鲁迅看,鲁迅把它抄了下来,后来录在《为了忘却的记念》里。鲁迅的心被牵动了:"他的心情并未改变,想学德文,更加努力;也仍在记念我,像在马路上行走时候一般。"当时柔石在狱中不但向殷夫学德文,还把难友柴颖堂与他说的狱中故事用铅笔记下来,想作今后创作的素材,可见雄心豪气依

> 柔石在狱中写出的第二封信,言词惨苦。王清溪即柔石同乡好友王育和。

旧。但他的第二封信则措词非常惨苦了,信是写给同乡王育和的:

清溪兄:

　　在狱已半月,身上满生起虱来了。这里困苦不堪、饥寒交迫。冯妹脸堂青肿,使我每见心酸!望你们极力为我俩设法。大先生能转托得一蔡先生的信否?如须赎款,可与家兄商量。总之,望设法使我俩早日脱离

柔石二十章

苦海。下星期三再来看我们一次。借钱给我们。丹麦小说请徐先生卖给商务。

祝你们好！

雄　五日

这封信写得凄楚恻然，显然他与冯铿以及其他几位战友都已上了刑。冯铿的脸膛已经青紫交加，浮肿不堪。放风的时候，他见到了她。远远地，默默地相视。同志加爱情，此时此刻，心情是不可言喻的。只令他心酸不止。

鲁迅先生当时没有抄下这封信，然而，面对雨雪严寒，他的怀念则愈来愈重了："天气愈冷了，我不知道柔石在那里有被褥不？我们是有的。洋铁碗可曾收到了

被杀害的"左联"五烈士有：柔石、李伟森、胡也频、殷夫、冯铿。

没有？……"省略号下,还有多少话要说呢?

其间,柔石还有几次带条子给林淡秋,一次是说狱中水门汀地上很冷,要求送被头和衣服,但东西根本送不进司令部的大门;又一次,他不说冷不冷了,只要他们瞒住他的老母,说无论如何不能让她知道,惨苦之心已非进狱之初了。

鲁迅先生、亲友们,还有组织上,都尽了最大的努力,当时还成立了专门营救委员会,委托律师,派人旁听,前去看望,凑集资金……然而没有丝毫希望。且情况越来越严重,所谓"案犯"均被引渡给反动当局。而当时,谁能知道,这案子是国民党中央直接过问的政治大案,一道秘密处死的密令从南京通过电波飞往上海,而密令是蒋介石亲自签发的!

鲁迅先生写道:"……但忽然得到一个可靠的消息,说柔石和其他二十三人,已于二月七日夜或八日晨,在龙华警备司令部被枪毙了,他的身上中了十弹。"

鲁迅先生说:"原来如此!……"

五

鲁迅先生写道:

在一个深夜里,我站在客栈的院子中,周围是堆着的破烂的什物;人们都睡觉了,连我的女人和孩子。我沉重的感到我失掉了很好的朋友,中国失掉了很好的青年，我在悲愤中沉静下去了，然而积习却从沉静中抬起头来，凑成了这样的几句：

> 惯于长夜过春时，挈妇将雏鬓有丝。
> 梦里依稀慈母泪，城头变幻大王旗。
> 忍看朋辈成新鬼，怒向刀丛觅小诗。
> 吟罢低眉无写处，月光如水照缁衣。

这就是那首著名的七律《惯于长夜过春时》。

堪称千古绝唱的七律《惯于长夜过春时》。

鲁迅把失去柔石之痛——那种断臂之痛，剜心之痛，凝成了冷隽而犀利的诗句，当作匕首，有力地向黑暗势力掷去！

这首诗作于1931年2月。"左联"五烈士的遇难，是在2月7日的深夜，当时消息是禁锢的，比罐头还严密。魏金枝说，大约2月中旬，传出了确实的消息。而鲁迅先生日记载：19、20、21，接连三天去内山书店，"看日本报，才知道本月七日，枪决了一批青年，其中四个（三男一女）是左联里面的"［注：应为五个（四男一女）］。时间基本是一致的。

一个黄昏，冯雪峰去看鲁迅先生，他还避居在那所公寓里，两间房子之外，有一点空院子，很寂静。鲁迅脸色阴暗，沉默地坐在日本式的炕上，只是不说话。许广平说，先生有习惯，过度的愤怒或过度的悲哀，他都一声不响。好一会儿，鲁迅先生说了这样一句话："这样下去，中国是可以给他们弄完的！"然后，从抽屉里取

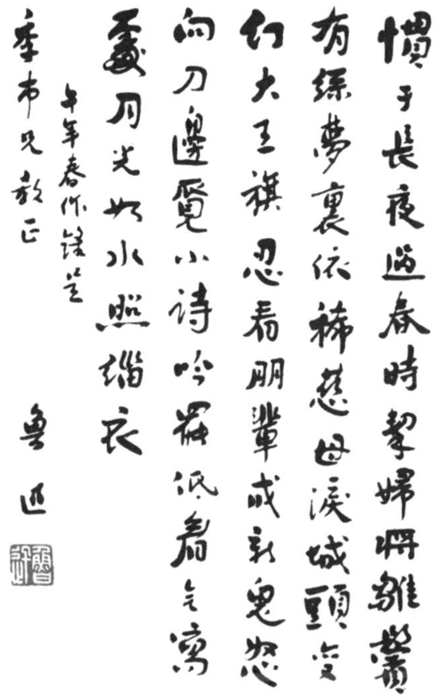

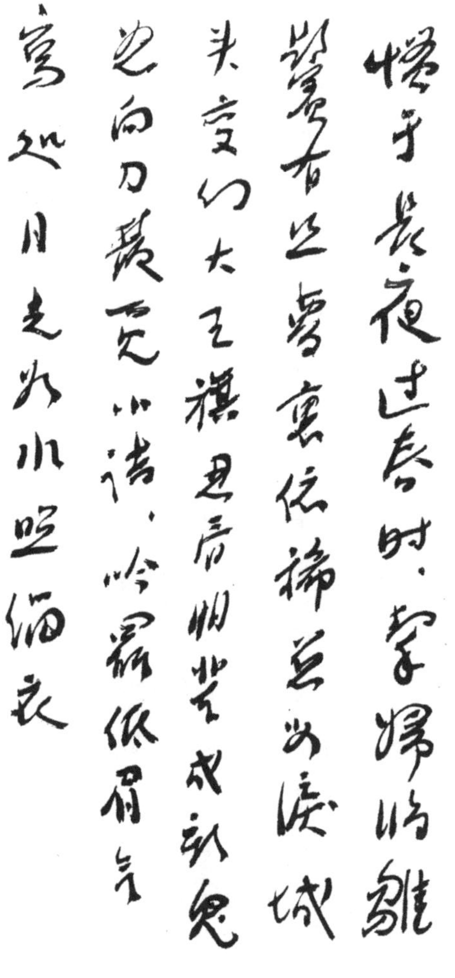

惯于长夜过春时,挈妇将雏鬓有丝。梦里依稀慈母泪,城头变幻大王旗。忍看朋辈成新鬼,怒向刀边觅小诗。吟罢低眉无写处,月光如水照缁衣。

午年春作诗并书

柔石兄教正

鲁迅

惯于长夜过春时,挈妇将雏鬓有丝。梦里依稀慈母泪,城头变幻大王旗。忍看朋辈成新鬼,怒向刀丛觅小诗。吟罢低眉无写处,月光如水照缁衣。

鲁迅先生为悼念柔石等烈士写的诗《惯于长夜》之手稿。原稿中的"刀边",后来改为"刀丛",一字之改,更为深刻。

千古绝唱:《为了忘却的记念》

出一首诗,交给冯雪峰:"凑了这几句……"这就是《惯于长夜过春时》那首诗的原稿。题目是后人编《鲁迅诗歌注》时加的。

当时,鲁迅把这首诗写成小幅送给了日本的一个歌手山本初枝。两年后,他在写作《为了忘却的记念》时,把它录在文内,把原诗的"眼看"改为"忍看","刀边"改为"刀丛"。这一改,诗就更深刻了。

70余年,我们一直读着它。依然那样激荡人心,震撼灵魂。依然让我们看到了那个叫鲁迅的老人,站在月光如水的院子里,满怀悲愤,缄默无语。朋辈被害,慈母惊泣,携妇牵幼,避居客寓。悲痛压得他喘不过气来,他终于横眉怒目,愤而提笔,以笔作枪,投向了黑暗深处。毛泽东读了这首诗,写下"龙华喋血不眠夜,犹制小诗赋管弦"的诗句;柳亚子称这首诗"郁怒情深,兼而有之";郭沫若读了这首诗,有感而叹称为"动人"的绝唱,——那是他阔别祖国十载,在从东瀛回国的茫茫大海之上。"用他最喜欢的鲁迅先生《惯于长夜过春时》的原韵,作了一首气壮山河的律诗,抒发当时的心情:又当投笔请缨时,别妇抛雏断藕丝。去国十年余泪血,登舟三宿见旌旗。欣将残骨埋诸夏,哭吐精诚赋此诗。四万万人齐蹈厉,同心同德一戎衣。"伟人大家尚如此,我辈复何言?

《惯于长夜过春时》是一支锋利的匕首,怀着强烈仇恨,直刺敌人心脏;它又是一团燃烧的火,蕴含着对朋友,对亲人深切的爱。它的诗风诗骨,都是千古之绝唱。

六

柔石牺牲之后,鲁迅一直把他记在心上,痛念之情,与日俱增。

他一直很想写点纪念的文字,然而,在当时的中国,有什么好写呢?他说:"年青时读向子期《思旧赋》,很怪他为什么只有寥寥的几行,刚开头却又煞了尾。然而,现在我懂得了。"魏晋时期的文学家向秀(字子期),悲痛于司马昭杀害了他的好友嵇康、吕安,写了一篇《思旧赋》来抒发自己的哀思,然而,面对政治高压,全文只有一百几十个字,这与鲁迅此时此刻的心情有什么异样?所谓大悲无言罢。

但是,国民党的残暴是必须要揭露的。为了让人们知道反动当局的丑恶行径,冯雪峰用读者给编者写信的形式,写了一篇《在地狱或人世的作家?》,把这个消息发表在1931年3月30日的《文艺新闻》上。4月25日,鲁迅和冯雪峰冲破重重阻力,冒着生命危险,编印了《前哨》的第一卷第一期《纪念战死者专号》。这《前哨》原是"左联"机关在柔石生前就准备出版的杂志,并已预告了创刊号的内容,现在却作为"纪念战死者专号"而创刊了。前驱的鲜血把这份文学期刊染成一面不畏黑暗的战旗。在这期刊物上,鲁迅题了刊名,写了《中国无产阶级革命文学和前驱的血》一文,愤怒地声讨了国民党反革命文化"围剿"的血腥罪行。他在文章中指出:"统治者也知道走狗的文人不能抵挡无产阶级革命文学,于是一面禁止书报,封闭书店,颁布恶出版法,通缉著作家,一面用最末的手段,将左翼作家逮捕,拘禁,秘密处以死刑。""这一面固然在证明他们是在灭亡中的黑暗的动物,一面也在证实中国无产阶级革命文学阵营的力量。"同时,他又为自己年轻的朋友写了《柔石小传》——这在鲁迅先生来说,是绝无仅有的;同时在这一期《前哨》上,还发表了《中国左翼作家联盟为国民党屠杀大批革命作家宣言》和《中国左翼作家联盟为国民党屠杀同志致各国革命文学和文化团体及一切为人类进步而工作的著作家思想家书》,呼

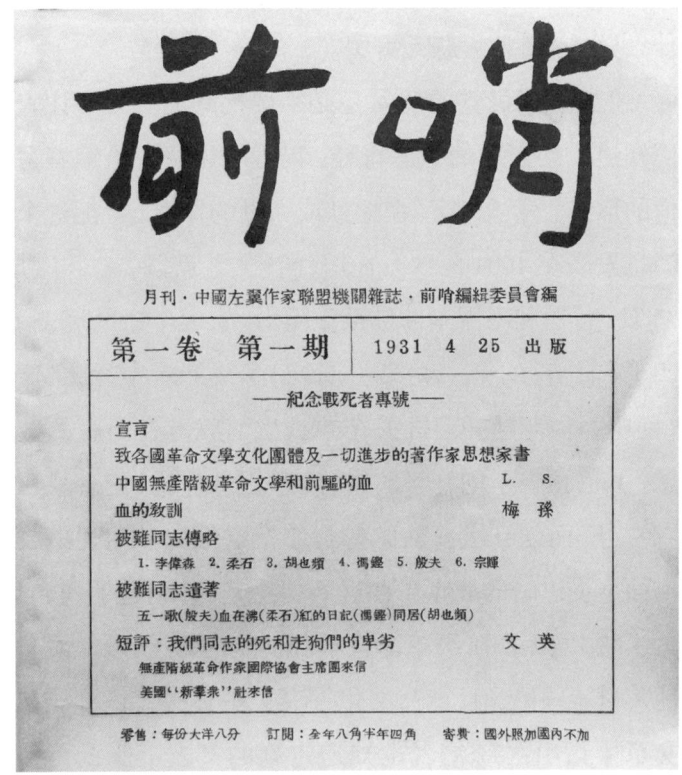

1931年4月,冯雪峰在鲁迅的支持下,出版了秘密发行的"左联"机关刊物《前哨》,并把创刊号的内容改为"纪念战死者专号"。

为了纪念《前哨·纪念战死者专号》的成功出版,鲁迅全家与冯雪峰一家照了一张合照。

吁世界舆论来主持正义。稍后,鲁迅又写了《黑暗中国的文艺界的现状》,请美国朋友史沫特莱女士在国外发表,当时史沫特莱有点为他担心,鲁迅却说:"那有什么?中国必须有人出来说话。"

1931年8月15日,《鲁迅日记》记有"夜交柔石遗孤教育费百"。这是一件感人的轶事,后经人核实,原是这样一回事:柔石牺牲后,遗有父母妻儿六人,生活无着,柔石的同乡好友王育和即从亲友处弄了些钱,以柔石稿费和版税的名义寄去,但非长久之计,因此与几位朋友发起募捐,打算将募得之钱储存生息,作柔石子女的教育费用。此事征询鲁迅先生的意见,先生慨然同意,并首先捐助100元,故有当日之日记。谁知后因"一二·八"战事发生,亲友星散,集资不成,王育和他们只好将筹得之款或退还或寄柔石的家属,而对鲁迅先生的这笔捐款,则函询其处理办法。于是,又有了鲁迅先生写给王育和的一封信,全信如下:

育和先生:

顷奉到来函并稿件一包,稿容读后奉闻,先答询问如下:

一、平复兄捐款,我不拟收回,希寄其夫人,听其自由处置。

二、建人现住"法界善钟路合兴里四十九号",但亦系暂往,不拟久居。

三、敝寓未经劫掠,而曾经小窃潜入,窃去衣物约值六七十元,而书籍毫无损失,在火线下之房屋,所失只此,不可谓非大幸也。先此奉复,并颂

春祺

迅启上

四月七夜

这封信虽然没有注明书写的年份,但《鲁迅日记》1932年4月7日记有"晚得王育和信,并平君文稿一包,夜复"。可见这是写在柔石遇难后的次年——

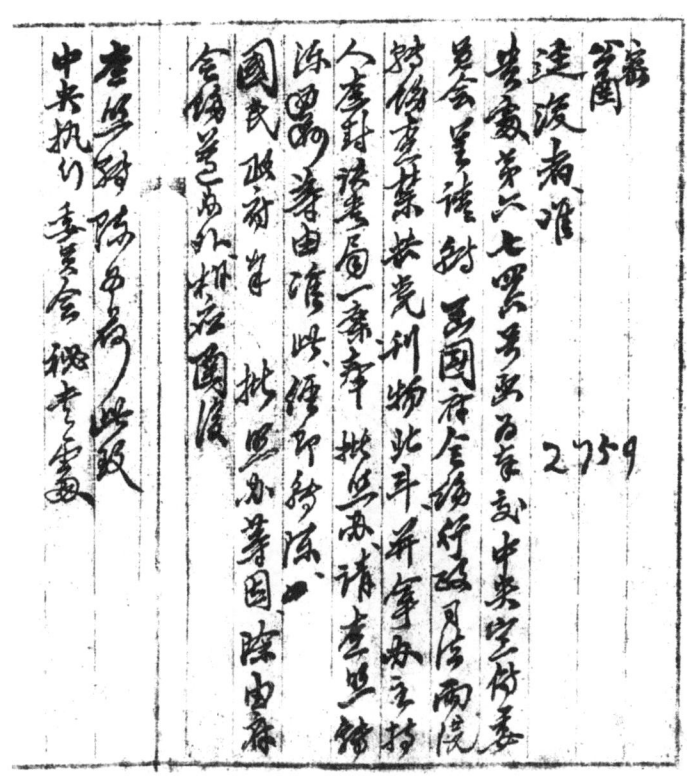

"左联"机关刊物《北斗》遭到反动当局的查禁。1931年9月,《北斗》创刊,主编丁玲请鲁迅提供插图。鲁迅选了珂勒惠支的一幅木刻《牺牲》,寄托对柔石被害的思念。

1932年。这封信解放后得以发表。

捐款事后不久,即1931年9月,"左联"的机关刊物之一《北斗》创刊,主编丁玲请鲁迅提供稿件。鲁迅选了珂勒惠支夫人的一幅版画,曰《牺牲》,发表在《北斗》上,画面是一个母亲悲哀地献出她的儿子,因为柔石在宁海的老家还有一个双目失明的母亲,所说"梦里依稀慈母泪",既指鲁迅的老母,又兼柔石母亲。鲁迅深有所感,"我知道这失明的母亲的眷眷的心,柔石的拳拳的心"。"算是只有我一个人心里知道的柔石的纪念。"他还曾写信给珂勒惠支,"请她画一幅被害的

柔石 二十章

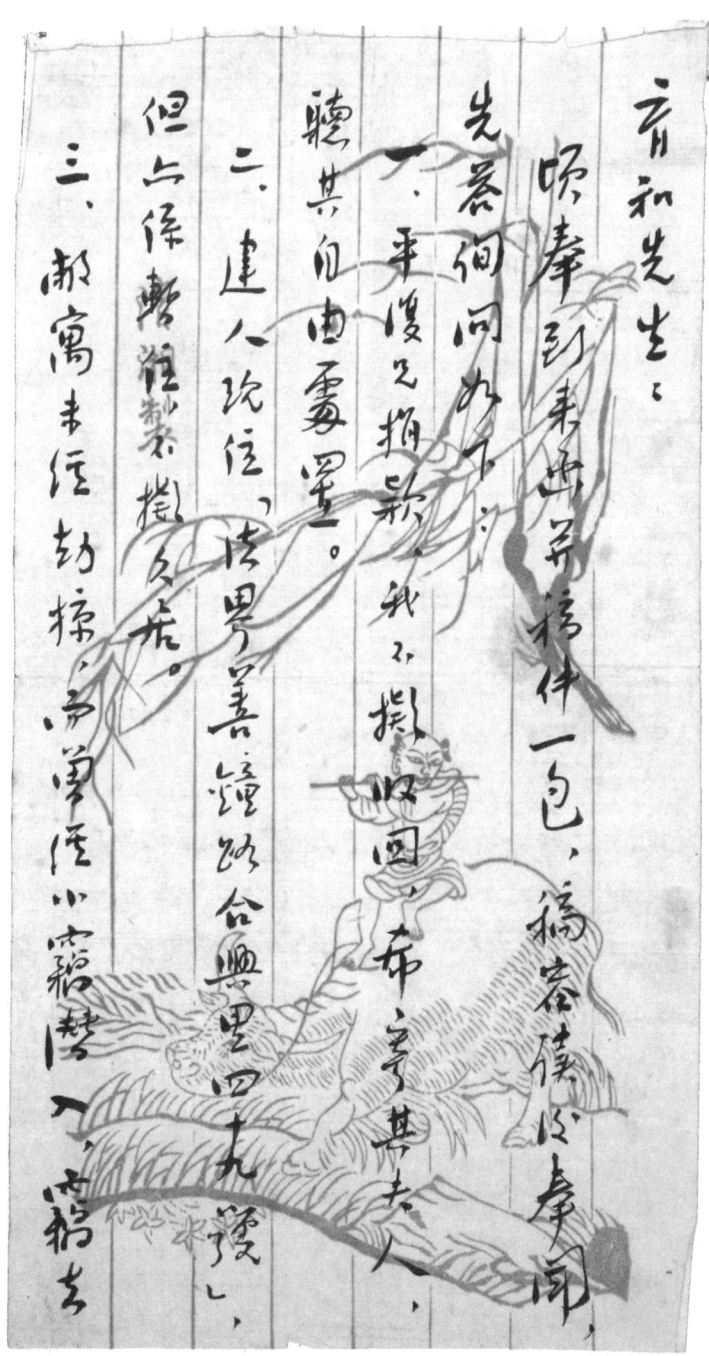

育和先生：

顷奉到来函并稿件一包，稿内傍注均奉闻。

一、来复之揭款，我不拟收回，希另寻其夫人，听其自由处置。

二、连人玖位，传男善，钟路合兴里四九号，但六条弊端，制奏搁久矣。

三、邮寄未经劫掠，而第住小霸滥入，此稿去

柔石牺牲后，王育和发起募捐，拟为柔石子女作教育费用。鲁迅先生慨然捐助100元。后因集资不成，王育和又征询鲁迅的意见，鲁迅为此作复。

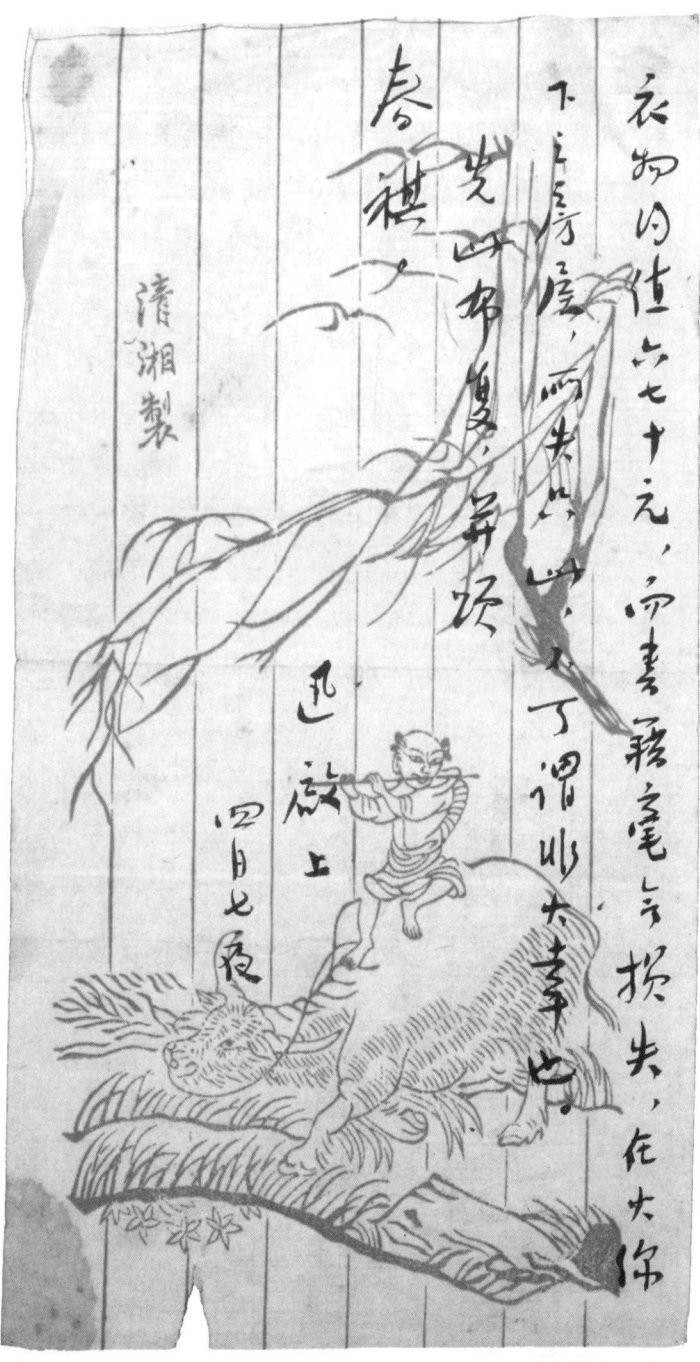

千古绝唱：《为了忘却的记念》

图画,作为我们的纪念。但她来信说不能,因为她没有看过真实的情形,而且对于中国的文物,又生疏,没有答应"(曹白《鲁迅回忆录〈一集〉·写在永恒的纪念中》)。由此可见鲁迅对柔石的深情厚谊了。

1932年4月26日的深夜,柔石牺牲已经一周年多了。鲁迅在整理旧稿《夜记之五》时,写了附记。《夜记之五》原是1930年柔石做明日书店编辑时对他的约稿,当时没有写完,次日柔石来访时,柔石以为篇幅过长,鲁迅也就中途辍止了,现在整理出来,鲁迅感慨顿生,写了附记:"现在去柔石的遇害,已经一年有余了,偶然从乱纸里检出这稿子来,真不胜其悲痛。我想将全文补完,而终于做不到,刚要下笔,又立刻想到别的事情上去了。所谓'人琴俱亡'者,大约也就是这模样的罢。现在只将这半篇附录在这里,以作柔石的纪念。"(《做古文和做好人的秘诀》)。每读此段文字,让我怦然心动,眼眶发热。

直到了1933年的2月7—8日,即柔石等五位作家牺牲两周年的日子里,鲁迅终于无法抑制对国民党反动派的满腔怒火,静坐黑暗的长夜,面对"刀丛"如林,写下了《为了忘却的记念》这篇感人肺腑、动人心魄的悼文。

这里,还要说的一件事是:鲁迅先生还珍惜地保存了柔石的一些遗物,把它一起放在一只牛皮纸做的封袋内,并在纸袋上亲笔书写了每件遗物的名称:1.柔石照相(1929);2.柔石诗稿(1925);3."牺牲",德国珂勒惠支夫人木刻"战争"七幅中之一,鲁迅曾选登"北斗",为柔石纪念。——这是很感人的。许广平回忆说:"柔石等同志的遗著",和别人的著作,"鲁迅妥慎地保存于离寓所不远的旧狄思威路专藏存书的颇为秘密的一个书箱内"。直到解放以后,许广平才如释重负地把它交到人民的手中,成为革命烈士留给我们的珍贵遗物。

鲁迅先生说过:"一个人如果还有友情,那么,收存亡友的遗文真如捏着一团火,常要觉得寝食不安,给它企图流布的。"又说,出版亡友的作品,"是一个纪念,一个抗议,也是一个示威!""人给杀掉了,作品是不能给杀掉的!"

鲁迅对于柔石,当然还有殷夫他们,是怎样一种惊天地泣鬼神的博大精深的慈爱啊!

七

鲁迅先生在《为了忘却的记念》的文尾写道:"夜正长,路也正长,我不如忘却,不说的好罢。但我知道,即使不是我,将来总会有记起他们,再说他们的时候的……"

现在已经是鲁迅先生所说的"将来"了,我们正在说着柔石。竖在龙华烈士陵园碑林里的《为了忘却的记念》,每天都在诉说着柔石。

日子太苦了,人们是不愿的;日子太甜了,也会丧失一些宝贵的东西,忘记了这苦是如何变成甜的。据说,现在有些研究生已经不屑于研究鲁迅了,更不屑于研究"左联"五烈士了,似乎张爱玲她们才更有诱惑力。这当然是不能勉强的。人各有志,安能同日而语?何况更有一些"勇士"已经开始反对、贬否鲁迅了。

但我可以断言,鲁迅是反不倒的。20世纪30年代的左翼文化运动也不是轻易可以一笔抹去的。这毕竟是历史,是用鲜血和生命书写成的历史。这些烈士的人格力量、崇高情操以及对真理一往无前、九死不悔的追求,正是人类的精华,也是我们这个时代最需要的。我想,鲁迅的《为了忘却的记念》,不单是一种感情的寄托,更是对真理的坚执。年代渐渐远去,往事渐渐淡化,但是一旦我们捧读如此深情的文章,仍然激动人心,余音绕梁。对于柔石他们,作为烈士看,他们把生命献给了中国的革命事业;作为作家看,他们是优秀的,他们有非常杰出的作品。他们的作品离不开那个时代。连国际上也有人认为,柔石、殷夫的作品是非常优秀的,他们是才华横溢的作家,倘若不是英年早逝,他们会有更成熟的建树。文艺作品的战斗性并不与审美性相悖。有时也许会相得益彰。柔石的《二月》《为奴隶的母亲》,殷夫的《别了,哥哥》以及翻译匈牙利诗人裴多斐的诗作:"生命诚可贵,爱情价更高。若为自由故,两者皆可抛。"——至今都焕发着经典性的审美魅力。

20世纪20年代到30年代的中国文坛,经历了史诗般的壮美,经受了血与火的洗礼。站在碑壁前面,读鲁迅,读柔石,真是让我生动而真切地感受到这一点。

作家的柔石

柔石是一位革命烈士，更是一位作家。作家是以作品来实现自己人生价值的。没有作品也就没有作家。作品是否具有经典性，是否历久常新，决定作家的历史地位。随着时间的推移，历史长河淘汰了浩如烟海的平庸之作，应景之作，留下了为数不多的精品。这样的考验是唯一而公正的，也是残酷而无情的。如何评说柔石的作品？过去的文学评论家曾有过不少的论述，但由于时代的局限，评论中感染着"左"的色彩：片面注重政治标准而忽略文学的主要功能——艺术审美。"而现在，许多评论家包括一些研究生对当年左翼作家的作品研究，又似乎不感兴趣了。"记得在一次纪念"左联"五烈士的会上，浙江大学的陈坚先生发表了这样的感叹。我为他的感叹而深深感动。后来，我与宁波大学的贺圣谟先生也有交谈，话题直抵柔石的创作。他以为，作为作家的柔石，他的作品，尤其是《二月》，还没有引起足够的重视，正是《二月》，体现了柔石作为作家的价值。这番话也使我很感动。尽管我已写过几篇关于柔石创作的文章，但还是觉得言犹未尽。

柔石二十章

柔石的文学创作始于20世纪20年代初。那时候,他在杭州"浙一师"读书。五四运动的浪潮铺天盖地,深刻地影响了一代知识分子思想的形成,同时,也为现代文学的登场拉开了序幕。柔石跳出了大山的包围,来到了当时新文学运动精英云集的"浙一师",真是他的幸运。他亲身感受到五四运动波及的杭州"一师风潮"的激荡,投身激流也罢,岸边观潮也罢,心灵潜在的冲击都是无法躲闪的。当时的校长经亨颐先后揽聘了一批富有革新思想和不凡学识的教师,如陈望道、刘大白、夏丏尊等人,还有遁入山门之前的才华卓绝的李叔同。这些大师级的人物,从不同的角度,或思想,或品格,或才学,或作品,或直接,或间接,都给柔石以深深的影响,也是使他走上文学之路的最初教化者。

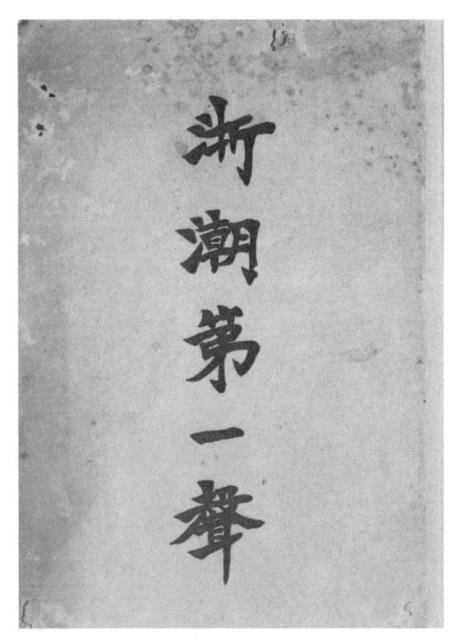

柔石在"浙一师"求学时阅读的《浙潮第一声》。

1921年10月10日,校内的文学社团"晨光社"诞生,柔石为成员之一。成员还有汪静之、潘漠华、冯雪峰等人。柔石此时的诗歌和散文创作,可以看作是他最初的练笔和习作。惜乎这些期刊和作品都已散佚不见,留给后人谈谈的大概也就是散文《不安》和新诗《如是》了。柔石对前程的瞻望,浮动着忐忑不安。求学?求职?一面是家庭经济条件的限制,一面是"做个有思想的学问家"的愿望日益强烈,他把自己的心情吐露在日记里:

"去帆总望着风顺。天云的变化,不要惊破我心,阻止我的去路。"(1922年5月21日)因此也可看作,柔石的文学之帆,从此启航。

柔石的作品主要有这一些:早期的短篇小说集《疯人》,长篇小说《旧时代之死》,中后期的中篇小说《三姊妹》《二月》,短篇小说集《希望》,短篇小说《为奴隶的母亲》,牺牲前的报告文学《一个伟大的印象》,诗歌《血在沸》。还有一些诗歌、散文、剧本及译作。作家的作品与作家的思想发展自然密不可分,但以年表式的递增衡量作家作品水准的提高也未必准确。20世纪50年代中期的评论家在肯定了《二月》的艺术成就后说:"由于他(柔石)的小资产阶级的立场还没有得到根本的转变,对于革命也没有深刻明确的认识,因此在《二月》中留下了不健康的东西,这主要表现在对于人物的态度上。柔石不能比自己的主人公站得更高,尽管他认识到萧涧秋的道路是错误的,但是他对于这样一个人物的风度、情调、姿态……是偏爱的,他自己在感情上和这个类型的知识分子有共通之处。因此,他不能对萧涧秋的性格采取更严格的批判态度,对他性格中消极的一面如软弱、悲哀、虚无之感……也往往是抱着欣赏的甚至是玩味的态度。作者的这种态度将会感染着读者,使读者读完这篇作品之后往往过多的欣赏萧涧秋的清高的性格,侠义的行为,惋惜那不成功的爱情,这样就在某种程度上冲淡了主题的积极意义。"（引自北大中文系1956级鲁迅文学社《柔石的创作》）而对柔石投身于革命以后写的《一个伟大的印象》以及《血在沸》则给以了登上新高的评价，此类评说，也见诸其他的一些文章。我以为，这样的观点是值得商榷的。

柔石最出色的作品是《二月》，可以说《二月》是柔石的代表作，也是现代文学的经典之作。写于1929年的《二月》，反映了大革命失败以后青年知识分子找不到出路的苦闷和彷徨。作为主人公的萧涧秋，"他极想有为，怀着热爱"，怀着一片人道怜悯之心，到了芙蓉镇以后，面对陶岚和文嫂两个女性，他卷入了痛苦的漩涡之中。现实如四布的陷阱和黑洞，使他寸步难行，甚至无法立身。他同情文嫂的悲惨遭遇，竭尽全力救助她的一家，然而流言四起。孩子病死，文嫂自尽，使他人道的愿望如幻影破灭。聪明而美丽的陶岚爱他，他本也可接受这上天安排的爱情，而纨绔子弟钱正兴因看

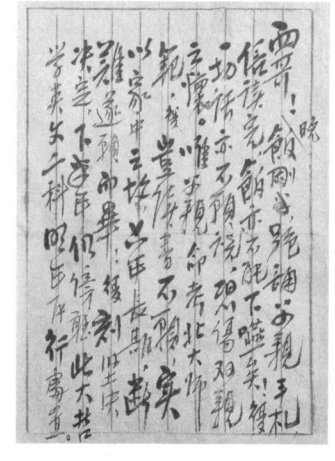

柔石编辑的部分书刊及手迹。

> 大地收敛了大战役的狂歌，
> 三夏的严威与骄傲到那里去了？
> 蝉逝声了，午夜陆缸也岑寂，
> 萤虫也时如辉地羽化了。
> 浮上唇沙的寒霜的滋味，
> 平原展开了千里万驰骋的怀抱，
> 万有漫漫于无边的平的休息，
> 恐怖也有如双江回北的候鸟。

柔石手迹。

中陶岚而与她死皮赖脸百般纠缠，脆弱的他便落入了悲哀的迷茫之中。他既没有"冲锋的战士"的热血和勇气，又不愿与"新式公子们"沉瀣一气，于是，只好落荒而逃。一个并不新鲜的爱情故事，承载了20世纪20年代黑暗社会的大背影，爱情超越了本身的意义，读者读到的是社会和时代的压抑和沉闷。故事因此而深邃并充满张力。萧涧秋的形象，糅合了柔石自身风萍浪迹、痛苦求索的感受，他北京、上海、杭州、南京，南北上下跑了一圈，求学不成，求职也难，几次与友人欲筹办中学都成了泡影，他信奉的"教育救国"的愿望也变成镜花水月。社会黑暗，前程迷茫，他该往何处去？他一直处于痛苦的寻找之中。这种痛苦，也是当时大部分觉醒了的知识分子无路可走的痛苦。在当时女作家庐

作家的柔石

隐的小说《或人的悲哀》中,通过一个颓落的青年形象亚侠,提出对社会的疑问:"我心彷徨得很呵!往哪条路走?"这个为当时知识青年普遍苦闷和思考的问题,被柔石的《二月》表现得非常艺术和深刻。萧涧秋的形象具有典型性。他为我们提供了一个正义而矜持、善良又软弱的形象。后人指责他站得还不够高,是后人的隔岸观火,隔靴搔痒。处在那个长夜弥天的黑暗年代,知识分子的心路历程可以是多种的。萧涧秋具有那个时代知识分子阶层中既是受难者又是反抗者的双重性格。在艺术手法上,柔石对于萧涧秋,不是作简单的好人坏人之分,也没有如同当时一些左翼作家的作品一样,为注释某一个观点,去拔高萧涧秋的形象——把他写成投奔革命,或勇于斗争之类的人物,因而使萧涧秋具有特别真实的意义。历史证明,20世纪30年代许多作家为追随苏联的"拉普"而塑造的热血青年形象,都未能在现代文学史上留下地位。以此来反照柔石,年轻的柔石显得可贵。写《二月》的时候,他才28岁。萧涧秋的典型意义将会随着时间的流逝,更为显彰。其实,一篇鲁迅先生的《二月小引》早将典型意义概括得入木三分。文学是人学。高明的作家不在于编织一个什么动人的故事,而在于人物形象的创造。萧涧秋就是一个了不起的创造,他应该进入中国现代文学史人物画廊。当然,《二月》还有其他一些好处,凄婉的故事,诗化的语言,其他人物形象鲜明的塑造,等等,都使这部小说产生了独特的审美效果。

《二月》的成功有一个不容忽视的前提,那就是柔石曾经写过多部以知识分子为题材的作品的实践。从《疯人》到《旧时代之死》到《三姊妹》,柔石走过一段艰辛的路。我们都可以把这些看成是创作《二月》的前期积累。

《疯人》由六个短篇组成,都是以青年恋爱为题材。它从一个侧面表现了"五四"退潮以后青年的渴望和追求,以及苦闷和落寞,但是,没有更深刻的社会意义的揭示,大多是个人身边琐事或所闻的记叙。因此,连他自己也感到不满。他后来在《希望》的自序中说到《疯人》:"……装订完毕之后,自己就愿意它立刻灭亡,因为发现内容之幼稚与丑陋。那本书,以后我是送给我底开着一家小店的哥哥,拆了包货物用了。"

《旧时代之死》的文尾署明:1926.6.26.夜半。初稿作于杭州。1928.8.9.午前九时,誊正于上海。可见这部长篇小说从初稿到定稿花了两年多时间。"那时正是段祺瑞在天安门前大屠杀北京学生的时候,我滞留在上海。那时内心的一腔愤懑,真恨的无处可发泄。……因此,我就收拾青年们所失落着的生命的遗恨,结构成这部小说。……我想表现着'时代病'的传染与紧张。"(《自序》)由此可见,《旧时代之死》的创作动机与《疯人》已大不一样。社会意义正在着力凸现。作者通过主人公朱胜瑀生命最后八天内的变折和冲突的叙述,描写了一个变态的故事:瑀失业患病,拒绝母亲给他娶聘的谢家女子,而对房东的女儿阿珠产生变态的狂乱;而后,回到老家山村,得知谢家女子为他的拒婚而自缢,大恸而疯,遂服毒自尽。小说采用大量的作者自身遭遇的素材和日记,如对黑暗社会的诅咒,小饭店里的吃酒掷杯,夜间与警察相遇的对话,幻想中得遇两个仙子,等等,在北京写的《前记》中均有记叙,又糅入了同学朋友的各种遭遇,虚构成一幅无力对抗"时代病"造成的悲惨命运之画面。低沉窒息的调子,冗长虚无的议论,都使这部小说无法摆脱艺术上的缺陷。但,毕竟是他的一次进步。

《三姊妹》是紧接着《旧时代之死》而写的,此时柔石已从家出走到上海,开始接近鲁迅先生。这部小说较多地保留了作者早期创作的风貌,故事的情节比较简单,主人公章先生在杭州某中学读书,爱上了三姐妹中的大姐莲姑,因学校不容,他出走北京,莲姑被迫嫁给一个身患重病的男子;大学毕业回杭后,他当上了这

柔石的几部著作:《希望》《旧时代之死》《三姊妹》。

柔石在上海（木刻），作者：王正均。

所中学的校长，他又看上了二姐蕙姑，一场战乱又把他和二姐分开；再次回来，他登上了师参谋的高位，受到良心的谴责，欲赢得小妹藐姑的爱情，却被现实碾得粉碎。章先生的性格特点与《旧时代之死》中瑀有相似之处，懦弱，动摇，自悔，同时也单薄。类似三姐妹的故事，在日本、俄罗斯曾有多部作品，有的也叫《三姊妹》，大体都是"一男三女"的故事。柔石这部作品虽然提出了对爱情和道德的思考，但所揭示的社会深度以及人物形象都不能与《二月》相比。只能算是一部过渡性的作品。

但是，创作力的提高是需要积累、需要过程的。柔石正是从这两部作品的实践中获得了积累和提高，从稚嫩走向成熟，从肤浅走向深刻。接近了鲁迅先生以后，他受到了很多的熏陶和教诲，写作的水准迅速获得了提升。萧涧秋应时而生。

《为奴隶的母亲》当然是一篇优秀的短篇小说。1930年初,作者开始接近革命,参加革命,他的世界观正在发生质的变化。这一变化同时也反映在他的创作上,他决定"转换作品的内容和形式"。把关注知识分子的视觉转换到关注更广泛的劳苦大众上来,这不能不说是他的一个大进步。而且,柔石是自觉的。这个转变还反映在他的另一个短篇小说集《希望》上。《希望》共收进28篇作品,除《生日》是旧作之外,均是1928年夏到1929年秋在上海所写。这些作品有的精新,有的粗疏,让人看到了作品的题材正在从知识分子向劳动人民扩展,表现了柔石在短篇小说创作上的历程,也可视作《为奴隶的母亲》之前的积累和递增。《为奴隶的母亲》则以其圆熟的现实主义手法,细致朴素的

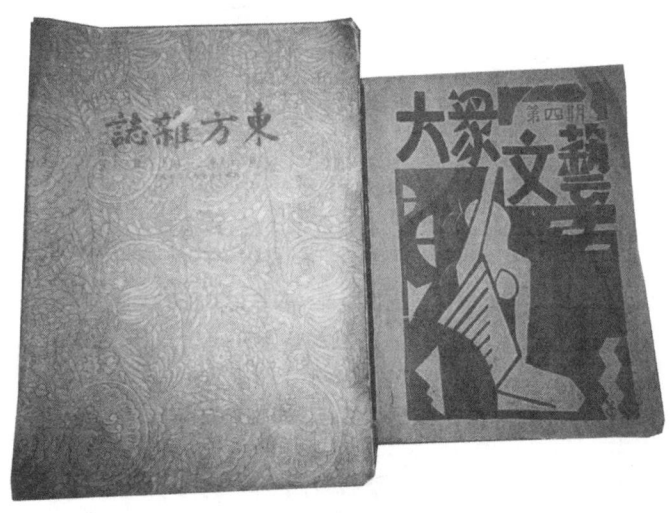

柔石曾在《语丝》《大众文艺》《东方杂志》《萌芽月刊》等期刊上发表作品。

人物描写，使柔石的创作达到新的高度。他对受苦受难的农民妇女悲惨命运的关注，显示了他的那颗宏大的博爱之心。

如果我们换一个角度谈，或者说，我们站在历史的高点上，从创作规律上去思考一下"转换形式"又如何？

社会生活是无限丰富的，每个角落都会折射出时代和人生的光芒。文学作品的价值，或者说作家的价值，不在于写什么，而是在于如何写，这个曾经被模糊了的基本道理，如今不再会有"异端邪说"之嫌了。作家的所闻所见毕竟有限，去熟识原先不熟识的事物和人物，也不是一蹴可就的。从本质意义上说，作家最好是在一个非常自由（也许轻松，也许沉重，甚至痛苦，但必须是自由的）的心态下，去写自己非常熟悉，并对之有深切的情感体验的人和事，这才是不朽之作产生的前提，也是为古今中外的文学史所证实的真理。

因此，我们是不是可以说：柔石的这个转变，是无可厚非的，甚至我还投以深深的敬佩；但是，对他来说，更熟悉的是那个时代的知识分子，是《二月》，是萧涧秋。

《为奴隶的母亲》揭示的是劳动人民生存的苦难，《二月》诉说的是知识分子心灵的苦难。只有熟识了，才能深入，才能洞幽烛微。对于柔石，直抵人物心灵深处的恐怕是萧涧秋，而不是春宝娘。

如果从1923年算起，柔石从事创作也只有8年时间,为生计而奔走的他,从来没有停下手中的笔。他的勤奋,为慵懒的人竖起一面镜子。他是如此的刻苦且心力交瘁,读他的那些日子的信件,很为他的写作心境感动。

1928年6月,柔石出走到上海,曾给他的哥哥赵平西写过一封长长的信,信中说到:"福有时自己想,青春的光阴,就是埋头案上过去,终日和笔砚为伍,抛了父母妻子,岂不苦痛!但有时想,这有什么办法呢?……社会是黑暗的,有的时候,做坏的人得便宜,做好的人吃亏。但我们因此做坏人么?不能够。苦的东西,有时尝尝会变甜起来,福以为是有道理的。福此后做人,简单的两句话,可以为哥告:一、自己努力、刻苦,忠心于文艺。二、如有金钱充裕时,补助于诸友。现在的世界是功利的世界,这是最可伤心的。我愿西哥勿以我言为迂腐。……"

1929年1月22日,他在日记中写道:"这几天翻译了三篇'南斯拉夫'的小说,共有一万六七千字的样子。到今天写完了,简直透了一口气。人不知为了什么而作工,吃了苦也还是自己承愿的。为了自己的名在社会里传布广起来,为了自己的生活得到充裕,为了爱人,竟为了这些么?不大相信!为了救人,为了社会的光明,为了大多数的幸福,应当,应当,我应当这样做!吃苦。"

同年2月9日日记写着:"坐到半夜一两点钟,常常会自己想起来,——停了笔,一动不动,凝思起来——我这样在做什么呢?青春要过去了,在艰苦的生活里,作工,作工,尽青春里所应有的快乐,——爱情,跳舞,我是一样也没有缘去结合。于是我便过去了!生命,人生,生活,不可思议的名词与过程呀!可怜的,我又为什么要这样?写,写到半夜呢?全幢屋子是我独自,朋友到他妻子、母亲那里去了。窗外死静的,静的如一块铁。唉!孤独的人!"

同年11月30日日记写着:"……很想一天写出一万字来,到今年末日,可不致自己十分惋惜自己这最近的364日的光阴。可是,我的筋肉为什么不是铁,我的骨骼为什么不是钢,我为什么不是一辆可加马力的机械?即如这三天,我虽然似时时在手里提着笔,可是遇到一句难句,或一个生字,懒洋洋地翻了一下字典,仍不得其解,于是默然了,眼睛不知看在哪里,墙壁,窗外,还是书上。我底心却会莫明所以地跑开了,远远跑开了,跑到十年前的过去,百里外的家乡,想到双亲,想到孩子,呀,更会想到自己底前途,前途的荆棘与灰暗,等到墙外忽然什么一声——变把戏的锣的一声——我才恍悟了,恍悟到自己在做梦,在做提着笔的梦,毫无意义的空想的梦,于是,我耸耸自己底肩,抖起精神来,用放在桌边的冷手巾擦一擦眼,重新去找寻原本书上的生字或难句,努着力,译下去。在这样的情形中,我最近的光阴过去了。"

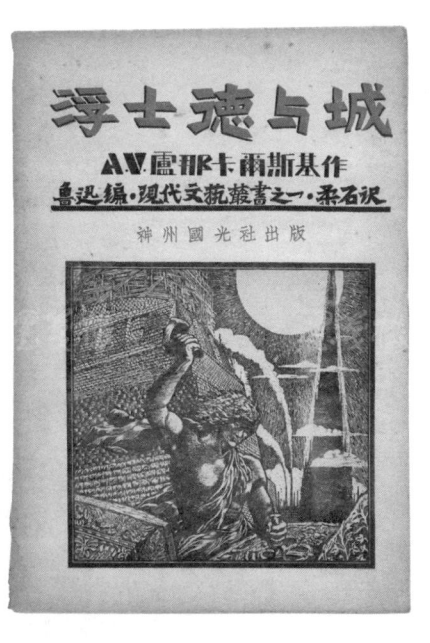

柔石的译作《浮士德与城》。

读着这样的文字,真让我感慨,我们的先辈是如何艰苦地把文学这条路踩出来哟!

1930年,柔石忙于"左联"工作革命实践,写作时间少了,作品也少了,这是一对无法消解的矛盾。留下可供大家阅读的是《一个伟大的印象》和《血在沸》,鲜明的阶级性注入了柔石的作品,由此让我们看到了柔石思想感情的根本性变化。"无论是歌／无论是诗／都是炸弹和旗帜。"马雅可夫斯基的诗句是"红色三十年代"的强音。从文艺作为武器的角度上看,它起到了战斗的作用,不失可贵。但柔石的这两篇作品,更多的是政治,放在文学史上看,它们都不能与《二月》相提并论。

作为作家,1930年的柔石其实已经成熟了。他热爱文学,不甘搁笔。他完全可以写出更优秀更宏阔的作品来。刚起头的长篇小说《长工阿和》该是一番什么样的面貌呢?想来他会有所超越的,达到他转换内容和形式后的另一座高峰。可惜,他的青春年华连同他的不凡才艺被罪恶的势力杀害了。中国失掉了一位很有才华很有希望的作家,成为历史的深深遗憾。

附录

在柔软和坚实中歌唱
——读《柔石二十章》

◎ 王旭烽

一个人为什么会被另一个人叙述——这是一个值得思索的命题,因为这往往内在地揭示着那叙述者和被叙述者之间的意味深长的关系。比如杨东标之于"左联"五烈士之一的柔石——为什么二十年前已经写过《柔石传》的他,今天还要再来撰写《柔石二十章》呢?

杨东标为什么要叙述柔石?理由似乎是显而易见的,因为杨东标是文人,是柔石故乡人,因为2002年是柔石诞生的一百周年。无疑,在作者的童年和青年时代,柔石于他,是一个既响亮又模糊的名字,所以他说:"那时候,柔石对我而言是朦胧的,有如天边一轮带晕的月亮。虽然他是我们宁海人,虽然我已经看过他的作品改编的电影和戏剧《早春二月》《为奴隶的母亲》,虽然,还有一座故居,是我从小读书必得经过的一座老式院子,此外,还有什么呢?好像真的没有了。"

好像真的没有了,但足以构成他知天命之年重述柔石的柔软而又坚实的宏阔的情感基础。一个并非同时代的乡人,一轮带晕的月,一部电影,一部戏,一座故居,一段每日经过故居的小路,少少许胜多多许,他唤起了杨东标心灵深处内在地渴望歌颂的激情,年深月久,终于喷发。

在神秘的人类创作历程上,往往就会出现这样的先例,有时候,你读破万卷书,你搜尽满腹肠,你依然找不到你想下笔的理由,而有时候,只要一轮皓月,够了。

我总以为,人称浙东才子的杨东标,与革命烈士柔石之间,除了同乡人之外,是有着某些极为共通的气质的。从前读鲁迅先生笔下的柔石:"他(柔石)的家乡,是台州的宁海,这只要一看他那台州式的硬气就知道。"而在我感受中的柔石,却是有着柔石小说《二月》中萧涧秋式的优柔彷徨与才情的。这种江南式的文人气,我也从多年的交往中于杨东标的气质中感受到了。直至三年前作者一场几乎毁灭性的家庭劫难,我才意识到杨东标身上的那种我以往从未体会到的、让人肃然起敬的台州人的硬气,这种由方孝孺、王锡桐、柔石而下一脉承传的人格传统,这种柔而至软却又坚而至硬的复调式的精神气质,或许也是浙东人的文化传统吧。正是在那场劫难之后,杨东标开始决定重述柔石,而且起初的书名就叫《三十年华》,既有纪念柔石30岁壮烈牺牲的意思,也寄托着他对30岁因车祸而亡的那个叫禾禾的女儿的无尽哀思。

中国悠久的治学传统中,向有"知人论事"一说,那就是从因推果的一种方法,而"知人"中,肯定包含着治学者对所治者的强烈的情感共鸣,即所谓"同情"。正因为作为柔石故乡人的杨东标,与柔石在精神气质上有着强烈的共鸣,所以杨东标才可能锁定"柔石",洋洋二十万字,一气呵成。

然而,为什么写,并不意味着怎么样写。我们现在知道的《柔石二十章》被肯定,其中有一条重要的理由,就是文体的创新。黄源老在此书的序中专门谈到,说:"《柔石二十章》是以柔石的生平为线索,用散文随笔的形式,表达了作者对革命前辈的敬仰和怀念。这种手法具有新的创意。这种主题性的随笔,有别于传记文学,分则单独成篇,合则比较完整地记叙了柔石的一生,从中还生发出对当代社会现象的思考,我觉得是很有意义的。"

杨东标在后记中,说这种文体的创新与我当时的一个建议有关,这自然是他的自谦。其实,关于采取什么样的一种体例来写作此书,他考虑已经良久了。新史料被发现,还有一个方面,已经有许多人在做着关于柔石的生平研究。那么,他所要重新叙述的这个柔石,如何与他过去叙述、别人叙述的柔石区别开来呢?正是在他思路逐渐清晰的过程中,我们在一次柔石故居的参观中不期而遇。他向我介绍了大量有关柔石的新发现史料,其中有关于他在杭州求学的,有在家乡教书的,有在上海开始革命生涯的,有关于他和鲁迅间的关系,甚至还有他的婚姻与爱情,他的友谊与浪漫,他的严峻与深沉,他少年时代的彷徨与成熟后的坚定,他作为革命者的英勇与作为文学家的文采。尤其是大量的图片资料,作为史实佐证了柔石那短暂而又丰富的三十年华。这些有血有肉的材料真是太宝贵了,而单纯地作为传记来表现,其中一些资料是会有可能被作为历史的余数或者边角料删去的。因此他想寻找到一种更适合他的表达方式的文体,在我们的讨论中,这种文体也就自然而然地出现了。

我之赞同他以随笔方式重述柔石,实际上还有一个很务实的操作考虑。作为宁波市文联党组书记的杨东标,同时又是一位著名的剧作家,还兼着省作协副主席,工作之繁忙是有目共睹的,不可能抽出整块的时间来治学、考据，以一个完全的传记文学作家的心态来面对这一题材。同时，他多年来对柔石的激情思考、他那充满文采的富有感染力的叙事方式恰恰又是他的强项，是他的柔石迥然不同于别人的柔石的所在。只有发挥他的长处，才有可能在柔石诞生一百周年之际，捧出这样一部力作，而在文体的实验和创新上，才有可能真正显现其原创的能力。

杨东标确定了他的写作目标和写作方式之后，成功地捧出了《柔石二十章》，在他写作的过程中，我们偶有讨论，而这部作品一经问世，我全部重读时，再一次被深深感染，在读到柔石与鲁迅关系的那些篇章时，不止一次地流下热泪。一个活生生的柔石出现在读者的面前——杨东标的这部作品，确实比我想象的写得还要好。

在柔软和坚实中歌唱——写什么和怎么写就这样成功地结合在《柔石二十章》上了。这种体例的开拓，其意义必定将在作者今后的作品中显现，让我们等待吧。

（2003年2月9日《浙江日报》）

秋水文章，史传笔法
——读《柔石二十章》

◎ 徐季子

二十年前我曾读到杨东标的《柔石传》，感受颇深。不过以五万字篇幅来表述柔石烈士多难而光辉的一生，总觉得意犹未尽。时隔二十余年，在柔石诞辰一百周年前夕，东标同志又献上《柔石二十章》，一部以新面貌出现的不叫传记的传记，它是《柔石传》的延续和深化。如果将两书并读，可以看出东标同志的新作是在拥有更丰富的史料，并在更广阔的视点上写出来的。如果将《柔石传》比作一幅描绘清晰的素描，那么《柔石二十章》则是一座富有渗透性和立体感的雕像，使我们能更深入地认识柔石，更具体地感受柔石烈士的崇高精神和人格魅力。

《柔石二十章》每一章都有感人之处，本文只谈三点个人看法：

一是《柔石二十章》的真实性。真实性是传记文学的生命，传记记叙传主的事迹要真实，表达传主的思想感情要真实，描写传主的生活细节也要真实，只有真实才有感召力和说服力。《柔石二十章》可读性强，由于它真实度高，它所反映的柔石烈士的思想发展历程是真实的，它所展示的革命作家的感情世界是真实的，作者

"心中总有一股滚烫的东西在滚动"的创作激情是真实的。作者敬爱柔石但是不为"贤者讳",他写传主光辉的一生,但并不回避传主思想感情的矛盾,例如他既记述了柔石早年"教育救国"思想,同时也反映了柔石对做小学教师的厌烦情绪。类似的矛盾在柔石的爱情、婚姻、家庭生活中也有反映,这不但无损于柔石烈士的整体形象,反而更使读者感到柔石是一位真实可敬的人。

二是《柔石二十章》书写了现代文学史上厚实的一笔。《左联杂谈》是《柔石二十章》中重要的一章。"结识鲁迅,参加'左联',光荣入党,是柔石人生道路重大转折的三大步。"1928年,柔石由鲁迅在厦门大学的两位老学生引见,结识了鲁迅,柔石的人品得到鲁迅和许广平的称赞,鲁迅认为柔石"无论从旧道德,从新道德,只要是损己利人的,他就挑选上,自己背起来",是一位可以托他办事的人。此后柔石与鲁迅的关系日趋密切,"与鲁迅先生在一起,是柔石新生命的开始,仿佛是一块冰,融入了热水之中。柔石心中频年所积的阴郁之气,逐步消化了"。

20世纪20年代末,潘汉年受周恩来等党中央领导指示,解决关于无产阶级革命文学问题的论争,潘汉年设法找到鲁迅,听取鲁迅的意见。潘汉年与鲁迅之间的联系人是冯雪峰,而冯雪峰又是通过柔石才结识鲁迅。冯雪峰和柔石原是"浙一师"的同学,后来又是柔石的入党介绍人,由于柔石的沟通,冯雪峰成了党和鲁迅之间的直接联系人。"中国左翼作家联盟"终于在1930年3月成立了。因为有冯雪峰为纽带,使潘汉年能在困难复杂的环境中顺利地联系上鲁迅;而柔石又是使冯雪峰联系上鲁迅的纽带,他们二人都成了鲁迅亲密的战友。《柔石二十章》为这段历史提供了鲜为人知的细节。

三是《柔石二十章》为系列史传散文。既单独成篇又相互联系,文笔流畅,辞采优美,感情真挚,笔墨洗练、准确,堪称秋水文章。作为散文和传记的结合,在一定程度上继承了我国古代史传散文的优良传统。以《龙华桃花》一章为例来看吧,《龙华桃花》是作者情思最为凝炼的一章,他将悼念、悲愤、激励多种感情融合在诗一般的语言中,他在烈士墓前写道:"终于到了墓地……墓地静静的,我也把脚步放得缓缓的,轻轻的。我把一束鲜花端端正正地安放在墓前,深深地鞠了一躬。天空蓝在头顶,草坪绿在墓侧,周围是一片繁红艳紫。星移斗转,换了人间。你们是有知也无知?"这不是一篇含意隽永、引人深思的散文吗!

(2002年11月8日《宁波日报》)

三十年华
——评杨东标《柔石二十章》

◎ 艾伟

我知道这本书曾经叫作《三十年华》,不知为什么作者杨东标最后没用这个有着青春气息的飞扬而灼痛的书名。但作者在《后记》中还是留下了关于这个书名的一些痕迹。这是我们都知道的事:1999年深秋,一次车祸夺去了他心爱的年仅三十的女儿。这件事在他的生命里产生的伤痛和震动是我们这些被称为他的朋友的人难以想象的。大约在一年之后,作者告诉我,他要重写柔石,书名叫《三十年华》。我马上明白这题目的另外一层意思。

柔石牺牲的时候,也正好是三十岁。这种偶然的巧合,使三十这个普通的数字显示出复杂的情感含义。三十岁,是多么美好的年轮,作为成熟的生命才刚刚开始。作者在写这本书的时候,他一定有一个隐蔽的念头,他要努力体验一个三十岁生命所经历的一切。我猜想,他写作这本书时,眼前一定会晃动着女儿的影子。

一本书就这样出发了,可以肯定的是它不再仅仅是关于柔石的传记,其中蕴藏着的生命感悟可能不是一部传记可以容纳的。

选择柔石作为叙述的对象似乎是一种前定。"那时候,柔石对我而言是朦胧的,有如天边一轮带晕的月亮。虽然他是我们宁海人……虽然,还有一座故居,是我从小读书必得经过的一座老式院子……"这是柔石在作者童年心中的印象。一个革命者,一个作家,高高在上,令人景仰。这以后,作者一直在追寻这位同乡先辈的足迹。他不放过柔石短短年华中的蛛丝马迹。从这本书中收集的一百二十余幅图片可以看出作者所花的心血。柔石上课做的植物学笔记及绘画,同乡兼同学潘天寿所赠的条幅,还有柔石做家庭教师时与学生的合影——这两个不知名的学生如今在何方?这些图片使这本书有着扑面而来的直观而真实的历史气息。

阅读此书时,我常常觉得作者更感兴趣的似乎是柔石作为一个年轻人、作为一个作家的情感体验。作者花了大量笔墨写了柔石的婚恋生活。有些生活细节可能鲜为人知。柔石有一个旧式的妻子,他们的婚姻也不能说毫无情感。然后,在上海,柔石又遭遇了冯铿烈火般的爱。柔石和冯铿这对革命者,他们想创造一种全新的爱情,一种完全按革命伦理生活的爱情。但是作者接着写出了令我们吃惊的一笔:冯铿作为一个革命女性竟然替柔石洗脚。从中我们可以看到个人性情的不可规定性,革命伦理无从规约个人的隐蔽生活。这是一种把一个革命者回归到躯体性的努力。我们因此看到了一个真实的有血有肉的柔石。

我注意到这本书里描述的父子关系。在世俗意义上,柔石是一个"无能"的人。他这一辈子都没有赚到能养活自己的钱,他的日常开销大都来自父亲和兄长。应该说,父亲对柔石一直怀有担忧,但父亲总是力所能及护着柔石。作者早年写的《柔石传》中有一个细节,每次柔石回家,他都会在餐前替爱喝酒的父亲仔细擦拭酒盅,然后给父亲斟满酒。这种日常生活中表达的父子情深令人动容。这里是否蕴藏着作者某种深切的怀念呢?

因此,我们可以说,这是一本特殊的书,它不再是传记,它写的是柔石,但同时表达着作者自己的生命体验,用一种类似散文的形式,诗意而激情地再现了柔石的一生。这种介于传记和散文之间的文体,是不多见的,也算是作者的一种创新吧。

(2002年10月24日《文学报》)

在传记和散文之间
——读杨东标《柔石二十章》

◎ 赵柏田

《柔石二十章》是对烈士作家柔石一生的一份文学化的解读。唯其文学化,使之与传记、年谱等历史研究著述分属两个不同的语体。在文学的语境里,写作不再是依凭蛛丝马迹的材料的发现去求得所谓的历史正解,而更是一种精神上的发现 —— 这发现,建立在对一个人的真实生活(从出版、求学、恋爱与婚姻、他居留过的城市、日常写作和他壮烈的赴死)的还原和呈现的基础上。

进入实际的写作层面时,写作者首先面对的是如何言说的问题。选择什么样的说话方式,或者说文体,是一个作家需时刻正视的艺术挑战。因此,当作者找到随笔这种话语方式来写他心目中的柔石时,实际上是给这本书找到了一个隐秘的结构。全书凡二十章,截取柔石一生中的若干散点铺陈开去,横,可以融进关于当下社会的个人感受,提起来,又可见作家柔石的一生。随笔这种最自由不过的文体,既满足了作者张扬他成熟的话语风格的需要,也满足了读者的文化期待,更重要的是,它有意识地规避和超越了历史话语方式的繁琐征引,从而使写作焕发出真正有价值的个人眼光和精神敏感。方式一经确立,释放的内在动力使写作获得了相应的速度。应该说这是一种很机智的写法。

这里我们看到的实际上是一种跨文体的写作,在传记和传统的散文之间获得了一种微妙的平衡,有传记之"言之有物",又有散文之灵动自由。作者在这里显示了他把握这种文体游刃有余的笔力。一般的所谓"历史文化散文"往往露出"软肋",应作背景的史料成了文章的主体,留给个人的想象空间显得非常狭窄,自由心性的抒发和心灵力度的展示受到很大限制,作家的身影淹灭在历史背后。《柔石二十章》在彰显文章主体的同时并没有使自身被遮蔽。写作者在这里建立了一种美学上的平衡,或者说和谐——在历史话语和文学语境、公共语体与个人性抒写方式之间的平衡。

所以现在我们可以这样说了,《柔石二十章》呈现的是一个现代书生与一个70年前去世的烈士作家对峙时的复杂景象。应该说,这种文章的难度系数很大,因为面对一个烈士、早期党员、一个进入文学史的革命作家,即使写作者的目光和姿态放得再平,主要的语调还是景仰和崇敬,很难真正逼近人物内心。但细心的读者会发现,作者在有限的空间里在努力创造一种与之平等对话的语体,并在生命最终意义的言说中展示出自己的价值依据。

《柔石二十章》写活了柔石这一个旧制度叛逆者的形象,在很大程度上是细节的力量所致。在历史学者常常漠视的生活细节处,作家表现出了人性的洞察力和精神的敏感。少年柔石的彷徨、徘徊,他婚姻家庭的苦闷,以及结识鲁迅后的英勇,是符合人物的性格逻辑的,因而显得扎实可信。在塑造人物这一点上,长篇散文《柔石二十章》可以说是近年来历史文化散文的一个创新和突破。

(2002年12月10日《文艺报》)

永不忘却的纪念
——评杨东标《柔石二十章》

◎ 龙彼德

四十四年前,我从鲁迅先生《为了忘却的记念》一文,知道了柔石的名字;四十四年后,又从杨东标《柔石二十章》一书,熟悉了柔石先生的生平。在那篇著名文章的结尾,鲁迅先生写道:"夜正长,路也正长,我不如忘却,不说的好罢。但我知道,即使不是我,将来总会有记起他们,再说他们的时候的。……"现在,早已经是鲁迅先生所说的"将来"了,杨东标在说着柔石,许多作家、学者于9月28日烈士诞辰100周年齐聚他的家乡宁海,都在说着柔石,我以为对于柔石的纪念是永不会忘却的。

突出三个关系,再现两种身份,是杨东标《柔石二十章》的主要特点。三个关系之一,与鲁迅的关系。杨东标是这样表述的:"与鲁迅先生在一起,是柔石新生命的开始,仿佛是一块冰,融入了热水之中。柔石心中频年所积的阴郁之气,逐步消化了。"他用了四章几占全书四分之一的篇幅写这一关系,雄辩地说明:没有鲁迅先生全力的提携,就没有柔石的崛起。 在"左联"五烈士中,鲁迅接触最多、感情最深的是柔石。"因此可以说,《为了忘却的记念》,

着墨最多的主人公也是柔石。""写得最动人之处是鲁迅先生对柔石在狱中的关念。"之二,与"左联"的关系。柔石与冯雪峰是作为鲁迅方面的代表参加"左联"的,他还当选为"左联"的常委。同年5月,经冯雪峰介绍,柔石加入了中国共产党,"开始了全新的人生境界的追求"。杨东标激情地写道:"成果丰硕的1929年,如果可以算作柔石的'创作年'的话,那么穿梭于无形的枪林弹雨之中的1930年,则是柔石的'革命年'了。"之三,与故乡的关系。这在《千秋灵气出名儒》《再说柔石与故乡》《柔石取名》《不做自己不愿之事》《柔石做官》《眷眷之心,拳拳之心》等章中有生动的描述,柔石的气质、性格乃至形象就在这些描述中跃然而出。"一方水土养一方人",难怪鲁迅先生一见到他,就感觉到"台州式的硬气","而且颇有点迂,有时会令我忽而想到方孝孺"。柔石兼有革命家与作家两种身份,革命家的品质在上述三个关系中已有再现,作家的价值在此基础上,杨东标以专章(《作家的柔石》《为未来而战》《〈二月〉漫谈》《话说典妻》)作了重点论述,他的看法是颇有见地的。

恢复历史真实,坚持现代观念,是《柔石二十章》的基本原则。关于柔石的婚姻与爱情,在过去相当长时间是回避、忌讳的,不仅受到长期承袭的传统意识的影响,也受到"左"的错误思潮的干扰。杨东标既不神化先烈,也不简化事件,而是从实际出发,恢复历史的真实,并用现代观念加以分析,就收到了极好的效果。"半新半旧,欲离难离",是他给柔石与吴素瑛的包办婚姻所下的断语,"谁幸?谁不幸?对柔石,对吴素瑛都是一样的沉重"。柔石牺牲后,吴素瑛一直没有改嫁,她忍受着几重压力,敬奉公婆,抚养子女,尽着妇道的责任。其精神是可佩的,其命运又是让人悲悯的。"人生情爱之大义"是杨东标对柔石与冯铿的自由恋爱所作的评价。他比较了二人的许多相似之处,还罗列了 1930 年二人一起参与的事件,然后写道:"如此繁多的重要会议和活动,他们同时把生命拴在一辆战车上,相互关心,相互策勉,应对着'黑云压城城欲摧'的白色恐怖。由此而产生的感情日益深厚,是否可以给予理解和同情呢?"我想,答案应该是肯定的。

文取随笔形式,体现传记风格,是《柔石二十章》的独特写法。其优点是局部的灵活与整体的严谨可以达到一致。就每一章而言,只要确定一个题目,皆可独立成篇,或借事抒情,或夹叙夹议,灵活多样,不拘一格;而将这二十章连起来,则构成了柔石的一生,是一部传记。如:《慈湖之访》相当于一篇游记;《为未来而战》与《〈二月〉漫谈》是两篇评论,前者评的是柔石之诗《战!》,后者论的是柔石的中篇小说《二月》,并兼论谢铁骊据此改编的电影《早春二月》,特别是后者拨乱反正,有真知灼见;《话说典妻》与其说是对柔石小说《为奴隶的母亲》的点评,不如说是对浙东农村畸形的"典妻"制度的调查报告,"这一源于宋元时期、盛于浙东乡村的丑恶现象,历经数百年,不绝如缕。新中国成立后,逐步走向销声匿迹,不想改革开放以后又死灰复燃,真让人惊叹残余的封建意识之坚固、之顽劣",这段文字尤其让人怵栗不已;《龙华桃花》堪称一篇优美的散文,其中对"错位"的联想、对烈士的抒情,令人击节……以上这些章节都是柔石生命中不可缺少的环,与其他章节一起组成了柔石生命的链,同时配之以大量的照片、图表、书信、日记、诗词、漫画,更增强了传记的风格与可读性。其缺点是二者的交融稍欠火候,随笔有余,而传记不足,印象式评述多了就会影响作品的深度。

(2002 年 11 月 13 日《宁海报》)

杨东标的激情:柔石何以成为英雄

◎ 梁旭东

论及杨东标在新世纪的文学创作,《柔石二十章》是最值得关注的。关于《柔石二十章》的文体颇有点议论,本书两位研究者分别在散文与传记两个章节里论及东标的《柔石二十章》。而黄源先生在《柔石二十章》的序言中,称此书为"主题性的随笔",有别于一般的传记文学。它以柔石的生平为线索,用散文随笔的方式叙事,分则单独成篇,合则完整地记述了柔石的一生,从中还生发出对当代社会现象的思考。我以为,黄老先生的评点抓住了《柔石二十章》的特征,介于传记与散文随笔之间,真挚但不是传记,是该书获得好评的原因之一。本章节的评析围绕着《柔石二十章》展开。

由于专业的关系,我读过不少关于柔石的书籍和文章。拿柔石作传主,写作难度很大。柔石的生命短暂,经历简单,缺乏跌宕起伏的故事性。由于身处战乱年代,留存下来的资料也不多。关于柔石,可以拿来做文章的,不外乎以下三个方面:柔石的文学创作,数量不多,值得称道的也就是两部作品——《二月》和《为奴隶的母亲》;柔石与鲁迅的交往。一些具体的细节在鲁迅的日记里、文章中,屡有披露,内容比较单一;柔石的家庭、婚姻以及与冯铿之间的情感纠葛,这块内容倒是充满色彩,可是留下来的文字记载甚少。

因此,写作《柔石二十章》对东标是个挑战。看得出来,东标在史料的搜寻下了很大的功夫。从撰写《柔石传》开始,到出版《柔石二十章》,延续20余年,东标一直追寻柔石的足迹。比如上图书馆查阅报刊资料,搜集柔石的书信、日记、年谱以及相关的文章,寻访柔石的朋友、学生、亲人、乡邻和战友。他甚至沿着柔石的生活路径,到北京、上海以及家乡宁海,悉心感受曾经发生过的故事场景。尽管《柔石二十章》写法迥异于传记作品,但它的材料丰富、资料翔实,却是作品的一大亮点,也为东标的成功奠定了基础。

值得一提的是,作者在书的编排中,配以大量的照片、书信、日记以及作品的书影,大大增加了《柔石二十章》的可信度和可读性。这些资料珍贵而富有历史价值,特别是柔石以及与柔石相关的各类照片,数量之多,收集之全,是非常少见的。

在评论的撰写过程中,我一直在揣摩:东标何以选择了柔石?东标与柔石都是浙江宁海人,喜欢文学写作,喜爱书法,在情感与精神上有着某种相通之处。这是一个重要原因。鲁迅说,柔石"有点迂",身上有着"台州式的硬气",这既是对柔石的评价,也点出了宁海人的某种气质。这种气质正是作者欣赏有加、引以为自豪的。在东标看来,柔石是宁海人的骄傲,宁海则是东标的骄傲。作者在书中不吝篇幅地描述宁海独特的文化氛围,探讨柔石与方孝孺、王锡桐、潘天寿之间的精神承传和关联,并且用《千秋灵气出名儒》为章节标题,把柔石的才华和硬气归结于故乡山水和特殊的历史文化。

东标的故乡情结浓郁。话及宁海,他的笔触舒展,其间融入太多太浓的爱恨情感。无论是跃龙山的灵秀和苍翠、崇山寺的古朴，还是方孝孺的硬气——诛杀十族，也决不低下高昂的头，东标往往是笔下生情，写得激情飞扬。我甚至觉得，故乡的那些倾情描述，岂止是对柔石性格、命运的追根溯源，更是作者自己的一次精神寻根，一次对生命的重新定位。

深入地看，东标选择柔石，更多的是基于理想主义的激情。我以为，理想主义的激情是柔石重要的精神特征，也是作者特别珍视的东西。东标的为人为文，那股子糅入了宁海人豪气的理想主义是最具色彩的。所以，东标在书中一再提及，想起柔石，他的内心深处有"一股滚烫的东西在滚动"。我把这"滚烫的东西"理解为一种理想的激情，它是纽带，构建起作者与传主间的心灵桥梁，更是解读柔石的视角，贯穿书的首尾，使《柔石二十章》有了一股灵气和感人的魅力。

在东标的童年时代，柔石就是一个"既响亮又模糊"的名字。在书的开头，东标说："那时候，柔石对我而言是朦胧的，有如天边一轮带晕的月亮。"名字的响亮，使东标对柔石产生最初的兴趣，而模糊和朦胧则隐含着作者或许没有意识到的疑惑：柔石，一介文弱书生，何以纳入主流话语，成为一个响亮的名字？这疑惑最终通过《柔石二十章》不断显现而明确，成为解读柔石的主线索。东标的眼光有些特别，他没有把柔石看作悲剧人物，而是作为时代的幸运儿来写，笔墨之间流溢着高亢的颂扬之旋律与仰慕之情。柔石一生短暂，却犹如夜空中划过的流星，辉煌、灿烂而令人羡慕。柔石有幸生活在革命时代，亲身经历现代文学史上的重要事件，如办《朝花周刊》，参与"左联"的筹建与成立；他有幸与现代文学史上著名的人物如鲁迅、冯雪峰、阳翰笙、潘汉年等一起工作，并肩战斗；甚至柔石的壮烈牺牲，由于鲁迅的《为了忘却的记念》，有幸青史留名，成为现代文学史上的著名人物。

很显然，柔石走向光荣，不仅仅是由于他的文学创作、才华和台州式的硬气，而是以他的热血、他的激情把自己塑造成为时代的英雄。凭借视角的便利，作者触摸到柔石内心深处的精神内核：那是一种反叛的力量，不满现状，不甘心于平庸，渴望辉煌。这种涌动不息的理想主义激情贯穿柔石的一生，成就了他的辉煌。对此，书中有一段精要的概括：

他（柔石）的一生在性格上始终闪耀着反叛的光辉。于家庭，他不愿听从父兄的劝告去经营生意，过随遇而安的日子；于职业，他不愿当一个小学教师；于婚姻，他显得心理更复杂，行动更矛盾，欲罢不能，欲就不从，终于去寻找新的爱情；于家乡，他爱之越切，恨之也越深，以至终于出走，不愿再回来了，这一切都可视之为一种反叛。而在这一反叛性格中，最光辉、最强烈的体现是对黑暗社会的反叛。他身后留下的大量遗作，无不明证了这一点。

与鲁迅特殊的关系，是柔石走向辉煌的重要原因。如书中所言，"与鲁迅先生在一起，是柔石新生命的开始，仿佛是一块冰，融入了热水之中。柔石心中频年所积的阴郁之气，逐步消化了"。当时，鲁迅四面受敌，陷于黑色的孤独之中。柔石是少数几个与鲁迅比较亲近的年轻人，鲁迅称柔石是他的"学生与朋友"，时常与柔石谈论社会、文艺和人生，偶尔游公园、逛书店、看画展、上馆子请客吃饭，喜欢邀柔石同行或作陪。柔石也帮着鲁迅处理一些杂务，如寄书寄信、汇款、去出版社取版税等。柔石成了鲁迅在上海"一个惟一的不但敢于随便谈笑,而且还敢于托他办点私事的人"。作者用了三个章节的篇幅,以真实生动的细节,勾描出鲁迅对柔石的舐犊之情,从而让我们领略了鲁迅的另一个侧面。柔石正是在鲁迅的扶植和提携下,走入现代文学史的作家画廊的。

最后说说东标的叙事手法。和许多传记作品不同,东标没有刻意地隐去他作为阐释者的身份与位置。他不断地以"我"的身份,以"我"的感受和联想,介入文本,构成他与柔石之间的某种距离,使整体的叙事充满张力。具体地说,它有两个特征:其一,作者把大量的与柔石相关的事件与背景材料纳入叙事之中。比如浙东农村"典妻"之陋习的由来与沿袭,柔石小说《为奴隶的母亲》改编为戏剧、由若干个剧团缤纷上演的热闹场面,著名导演谢铁骊改编、拍摄电影《早春二月》的轶事,作者沿着柔石足迹的寻访细节等等。东标有意识地把柔石的故事置于当代文化的大背景之中,使柔石生前的艰难和孤寂与生后的辉煌形成一种对比,令人寻味;其二,作者采用了一种旁观者的叙事姿态。在描写柔石经历中的具体细节,作者的口气往往是推测的、揣度的,而不是确定的。类似"大约""可能""或许"等词语,出现的频率很高。比如说到柔石与冯铿相约去杭州,东标的一段叙说很有特点:

他们泛舟于西湖,陶醉于山水,尽兴地玩了一次。如果在他们的心中,没有涌动着一种情愫,没有一种异性的相吸和相悦,他们会有这次不平常的杭州之旅吗?大约不会。如此说来,此就是爱情之始了吗?我们不妨有这个设想。那时候,正是柔石《二月》出版的前后。准确地说,《二月》正在印刷厂里印刷。早几天前,柔石还因印刷厂的失火而伤心自己稿子的被焚,幸亏还有初校的稿样在。那时候,冯铿会不会已经看过他的《二月》的校样呢?或者是手稿?不是没有可能的。而冯铿看了《二月》后的心情,正如后来——1930年10月14日——她写给柔石的信中所吐露那样:"十天以来,不,自看了你的《二月》以后,一种神秘的、温馨的情绪萦绕着我……"那就是他们爱情的起点了。

这种叙事姿态颇具现代叙事学的精髓。现代阐释理论认为,任何一个阐释者,任何一种阐释,都不可能站在纯客观的角度,做纯客观的评价。东标强调阐释者的此在性,突出作者的文化背景与传主历史背景之间的差异,拓展了柔石作为红色隐喻的思想跨度。同时,这种叙事方式也缩短读者的距离感,增加亲近感。因为东标对于柔石的疑惑来源于时代和文化的差异,而这种差异不也是读者所面临的?

当然,《柔石二十章》也有局限。这种局限来自东标的视角,过分的仰慕影响了作者对柔石更深层的剖析。当柔石被纳入主流话语,成为一种红色的隐喻时,那光晕自然而然地遮掩了许多我们想知道而无法知道的东西。

读完《柔石二十章》,隐喻依旧。这不能不是个遗憾。

(2008年2月宁波出版社《时代涌动中的宁波文学》)

一百二十年前出生的人重回我们中间
——《柔石二十章》的重说与重构

◎ 茹文

《柔石二十章》是以一个人的视角对柔石的重新构建和重新表达。

在史料、情感和思想中寻找彼此之间的勾连、穿插和印证关系,重读杨东标先生的《柔石二十章》,依然具有历史调动力、智力参与感和思想启发性。尽管约十年前曾新读,其叙事的方式创新、情感的强力呼应、思想的迂回导引,依然能感受到这本二十年前出版的散文集的魅力元素。以历史人物为对象的非虚构散文,魅力生发的基础是丰富翔实的史料,对已消逝的历史人物的重构基础,是发生现场留下的断垣残瓦、剩章残简,在历史废墟下找到这些材料,重新出土与组织,需要写作者如探案者一样的严谨科学精神和内在写作动力。

《柔石二十章》显示了作者对史料的熟悉和传主的洞察,从《柔石传》到《柔石二十章》,中间是二十年的时间沉淀,"20多年前的我,还算年轻。我走进了浙江图书馆、上海图书馆、上海作协图书馆,借到了《旧时代之死》《疯人》《三姊妹》等柔石早期的作品,一边埋头阅读,一边艰苦地抄写,抄写序言、后记、重要章节以及版权页——那时候，没有复印机，没有电脑，出差的机会也少。一切有关柔石的资料，连同鲁迅的、'左联'的，都圈进我的视野之内。……我翻到了1931年2月7日的那张报纸，这是柔石等24位烈士遇难的日子，报纸上当然没有任何的蛛丝马迹，但是，那一天的上海气象预报说，这是38年来最冷的日子，连日下着阴沉而浓密的大雪。"（《柔石二十章·关于〈柔石传〉及其他》）。就在这一段文字的同页上面，放着柔石留存于鲁迅先生处、后最广为流传的那张照片，圆镜片眼镜后的眼睛里闪烁着纯真、好奇、温暖的光芒，带着作者脉动和报纸触感的文字与柔石遗像并置。"二十章"第一章迅速为读者呈现了三十岁的青春遗容与死亡现场的猛烈撞击，引导读者感受近百年前传主生命曾经存在和骤然消逝的悲伤、遗憾和愤怒等复杂情感。

  柔石诞生于一百二十年前的1902年9月28日。从《柔石传》到《柔石二十章》是二十年，从纪念柔石诞辰一百周年的"二十章"初版到纪念柔石诞辰一百二十周年的"二十章"再版，又一个二十年，加起来是四十年。一个普通人的正常生命也不过两个四十年有余。在这四十年中，和很多对于柔石作品的重读、改编、研究等再生再造工作一起，"二十章"让一百二十年前出生的人重新回到我们中间，重新影响我们，我们重新回想他。作者对柔石的重说和重构是客观、冷静和求实的，柔石性格气质的复杂性，到上海后柔石与冯铿的关系，柔石的笔名与革命工作关系，都求真、自然、无伪饰、无拔高，力求在左翼文学史的特殊光环下重新还原柔石的真实存在，拨云见日，去伪存真，于推进对革命作家柔石的正确理解是具有积极意义的。从图书馆旧文库和存世者现场采访对话中搜集的日记、图片、文集、口述语言记录，《柔石二十章》穿越百年历史，理解和追念近百年前因政治暴力骤然消逝、停格在美好年华的一个年轻生命。

　　《柔石二十章》艺术感染力的一个重要原因是，作者是真正从柔石出发的土地上出发，追随、追想和追念柔石人生之路的人。中途介入不难，难的是天然契合。他是小时候上学走过相同城关石板路的同乡，是听方孝孺气节登同一座跃龙山的后辈，更是越百年深懂得的精神知音。地域性格、家庭出身、教育经历、个人气质、时代环境、人生追求、理想和信念的逐渐形成过程，种种方面，"二十章"的每一章都有一个核心主题，互相解释，彼此关联，整体构成柔石短暂三十年人生历程的七宝楼台。

　　整书叙述带着一种人与自身、与困境、与与生俱来的局限性始终作斗争的崇高悲剧美，作者对柔石生命的陨落过程和陨落所产生的悲剧崇高性是深深领会并情感共振的。关于柔石的家乡宁海，"是山陆与海洋接合之所。这特殊的自然条件，培育出这小县份人民一种特殊的性格。他们在狂波巨浪中，学得了狂放与勇猛；他们在丛林与巉岩中，学得了坚韧与挺拔"。关于柔石妥协的婚姻，"另一面呢，他的心上仍然挂着宁海的家，挂着自己结发的妻，有时'送妻法兰绒一丈四尺'，有时带一些做长袍或裙子用的布料，有时则寄些钱去。……直至吴素瑛亲自来了一次上海，他还陪着她去玩。送回轮船码头时，忽然阴云密布，暮雨欲来，柔石连忙买好雨伞一顶，复送船上，生怕妻子受淋"。关于柔石最后的死亡，"柔石头部和胸部连中了10弹，欧阳立安的身子倒在他的胸脯上。这些细节，是过了半个月后，难友们从看守的口里打听来的；而监狱当局要几个难友于翌日去殉难者的身上敲卸脚镣，却是他们的亲眼所见"。细节达到真实，剪裁形成立意，叙述者的参与、在场、情感介入和精神共振提升艺术效果,赴龙华感受赴刑路和就义地的一段尤有感染力,革命青年在悲惨牢狱生活和对营救转机的期待中,被动迎接荒谬、暴力与凄凉的死亡将至,"龙华寺的钟声年年如故,敲着大慈大悲;桃花园里的花色岁岁常艳,映着至情至美。而与之相邻的却是残暴与邪恶。这种共存,岂非是一个被错乱了的怪诞?""对着萧瑟的土坑,我肃立着,静默了好久"。

物质生命的消逝是永恒的,人死不能复生;精神生命的影响是永恒的,精神突破物质的局限,形成超时空的回响。一个一百二十年前出生的青年英雄已经牺牲,当我们重新书写他,重新解释他,最好的结果,是超越纪念达到启示,超越崇敬达到理解,超越个体的悲伤达到普遍生命的领悟。"二十章"至少两次引用鲁迅先生对于柔石为人特点与品德的评价:"无论从旧道德,从新道德,只要是损己利人的,他就挑选上,自己背起来。"革命行为是特定时代的选择,对自我品德的塑造和对理想社会的追寻具有穿越历史的永恒意义。一个自私的人不会轻易牺牲,也就不会被永久纪念。无私的牺牲是艰难的,也是稀少的。柔石早慧,又迂气,他是民国新思潮中海边县城走出的最早一批青年俊才,通音律,爱书法,爱读书,有前程;家庭、家乡和国家的现状、出门求学种种社会磨砺,又使他早早看穿求取功名利禄、坚持高洁品德和自我牺牲帮助他人之间的重重矛盾。

26岁的柔石写给哥哥的信中说,"社会是黑暗的,有的时候,做坏的人得便宜,做好的人吃亏。但我们因此做坏人么?不能够"。回望柔石生命历程的关键瞬间,我们不禁假设,在哪一些关口他能逃此一死?做出不同选择,将拥有寿终正寝、功德圆满的俗世人生?在1931年2月7日被枪杀之前的哪一个瞬间哪一个选择,能使他逃过大劫脱险存世？1918 至 1923 年就读"浙一师"时期的柔石，人生理想是做"有思想的学问家"，接近的是朱自清、刘延陵、俞平伯、叶绍钧及陈望道等文艺上有帮助的先生，同学是潘天寿、汪静之等艺术殿堂里的青年朝圣者并与他们志同道合。或许，本来，他是有可能成为他自己想成为的"有思想的学问家"的。毕业后步入社会，客观上投考大学失败，北大旁听时经济无力支撑，国家动荡，民众苦难，一步步使他主观上终止了继承家业、经商度日的安稳选择，富裕之家家庭教师的安逸生活，在黑暗社会中混饭吃的中小学教员的职业途径。他在道德上对自己的苛刻、不甘放弃的艺术梦和对理想社会的追求，逐步把自己推到了时代革命的前沿，远离了稳健舒适的现实人生。《柔石二十章》以打乱的时间和情节中连贯的主题，呈现了一个生命的自我选择和自觉塑造过程。

"二十章"中有三章是讲述柔石与鲁迅，鲁迅深刻而决绝，他看人多准，看事多透，他的深情之可贵是因为睿智而不肯轻易动感情。《为了忘却的记念》是动了悲伤和悲愤的真感情的，不仅是为革命为青年的牺牲而悲，更为艰难时代中正气、天真和利他精神的被绞杀而悲。从小城青年到浙潮先觉，到北大游学，到上海多伦路的"左联"成立，东方旅社的会议被捕，到龙华刑场的三十岁终结，内外部种种因素决定了柔石必然走过这一个历程，缺一环，都成不了柔石。柔石逝世于 1931 年 2 月 7 日，沈从文发表于 1935 年《文学杂志》的小说《大小阮》借一对叔侄大小阮，说明以艺术作装饰的空洞的成功人生，与走革命道路的实际的悲剧人生的巨大错位，"这古怪时代，许多人为多数人找寻幸福，都在沉默里倒下，完事了。另外一些活着的人，却照例以为自己活得很幸福，生儿育女，百事遂心，还是社会中坚，社会少不得他们"。柔石最终是以革命行为践行了艺术理想，他在《为奴隶的母亲》对如春宝娘一类底层小儿女苦痛的郁结于心，他在《早春二月》中对如萧涧秋一类青年知识分子自我牺牲的反向自问，都早早定格在了三十岁。这终结是令人心碎的，是玉洁冰清的，也是惊心动魄的。再高超的艺术都比不过拿命去拼的实际人生所给出的答案，柔石对艺术之作用对革命之功用的追问，最终都统一在了三十岁永远定格的热情、纯真和死亡中了。

《柔石二十章》的再版让一百二十年前出生的人再次回到我们中间，这没有忘却的纪念，这在今天依然闪耀的人道主义和理想主义精神火焰。

（2022年8月23日《文艺报》）

从《柔石传》到《柔石二十章》
—— 浅谈杨东标和他的柔石研究

◎ 范志强

读过杨东标的主要作品,你会发现,称誉他为"性灵之人,典型的江南才子"(夏真《悲情与理性的交织 —— 评〈看企鹅回家〉》)毫不为过。杨东标富有灵性而充满精力,书法、诗词、戏剧、散文、传记文学、报告文学等,涉猎广泛且均有所成。"如果开蒙之初便投身画坛,他准是'雷婆头峰寿者'(即国画大师潘天寿 —— 引者)的得意门生"(叶文玲《写尽千秋女儿心 —— 序〈一线文缘〉》);对戏剧,他认为"戏应该是一种力,从内核爆发出来的力愈激烈,愈震撼人心,戏也许就愈好"(杨东标《一线文缘·写戏碎语》)。他的剧本《浪子奇缘》获全国优秀剧本奖,《明月何时圆》获华东六省一市"田汉戏剧奖"剧本二等奖,《好母亲》获中国戏剧文学奖。这些戏"雅俗共赏,大雅若俗。……俗可让普通百姓接受,为之欢跃,为之动容;雅可让文人们细细阅读,具有较强的文学性和清丽的辞情美"(章以武《月是故乡明 —— 贺〈杨东标剧作选〉出版》);多年的生活与创作体验使他逐渐形成了自己的散文见解:他极为赞同苏东坡"绚烂至极,归于平淡"的观点,但"淡泊并不是白开水。散文还是要讲辞情美。淡泊本身就是一种辞情美。自然的、朴素的、恬淡的文辞中蕴涵着简洁、凝练、深厚、博学,没有丰富的知识阅历和深厚的文学功底,这'淡泊'两字是很难造就的"(杨东标《看企鹅回家·我说散文》)。迄今,杨东标已出版了散文集《一线文缘》《看企鹅回家》《说戏与戏说》和报告文学集《走向海洋》等。对于书法,杨东标认为"能于世风浮躁的当今坚持一方净地沉入书艺的修炼是一种境界",而且"任何艺术门类都是触类旁通的。谁说书法不能作用于文学或戏剧呢?"(杨东标《一线文缘·门外书谈》)。他临摹过柳公权,也醉心于米芾的浑重雄厚,正因此,人们才能"不止一次亲睹他落笔如椽一挥而就的潇洒"(叶文玲《写尽千秋女儿心——序〈一线文缘〉》)。

而在学术研究方面,引起大家关注的,是他几十年孜孜不倦的柔石研究。

杨东标的柔石研究始于"文革"结束不久的1978年。在历经一场历史罕见的文化大劫难之后,做涉及各种历史资料——诸如柔石生平、柔石著作、柔石的思想轨迹、柔石生活的那个激荡的时代——的研究工作,在当时百业待举百废待兴,甚至有相当部分的材料尚属"保密"的情况下,其难度是可想而知的。作者在《关于〈柔石传〉及其他》中给我们描述了当时的艰辛:"我走进了浙江图书馆、上海图书馆、上海作协图书馆,借到了《旧时代之死》《疯人》《三姊妹》等柔石早期的作品,一边埋头阅读,一边艰苦地抄写,抄写序言、后记、重要章节以及版权页——那时候,没有复印机,没有电脑……一切有关柔石的资料,连同鲁迅的、'左联'的,都圈进我的视野之内。我查阅30年代初上海的《申报》,那些五花八门的新闻消息,仿佛使我闻到了柔石的生存气息……"(《柔石二十章·关于

〈柔石传〉及其他》)。同时,"我开始寻访柔石当年的同辈人,柔石的朋友、学生、同事、亲戚……"。杨东标走访了依然健在的当年柔石的亲戚、朋友、同事、战友和学生,走过了柔石走过的一山一水一石一树一台阶,寻访着当年的故事,感受着当年的情感,从而掌握了丰富的第一手资料,也走进了真实的柔石的世界。

1981年,杨东标撰写的《柔石传》在《清明》第三期发表。这是新中国成立后第一部柔石的文学传记。尽管这部传记不足5万字,限于当时的种种客观因素(更多的史料有待发掘、整理和解禁,当时的社会政治与学术研究氛围等)和"文学传记"的体式约束,《柔石传》的历史意义与文学价值在一定程度上超过其规范意义上的学术研究价值,但它"纪实性地写出柔石从一个正直的小资产阶级知识分子,经过艰辛的求索,终于成为一个共产主义者的全过程。在这过程中,作者写出了柔石性格上的正直,但并不回避其正直到近乎'迂'和清高到近乎孤芳自赏的弱点;在写他探索人生道路时,也并没有回避主人公的某种苦闷和彷徨。这种'不虚美,不隐恶'的写作方法,非但没有损害人物,反而使人物形象有血有肉,显得丰满、可信,从而增强了传记文学的艺术说服力"(华士友《传记文学选·传记文学的艺术》)。

随着更为丰富翔实的柔石研究资料的不断被发掘、解禁和研究成果的不断涌现,随着杨东标在二十年中对创作、对社会、对历史文化、对故乡尤其对生命的价值与意义的沉重的感悟与思考,他萌发了再次述说柔石光辉而短暂的一生的激情。因为"写柔石的意义是多重的,不单为了他的理想,他的事业,同时,也为他的生命……"(《柔石二十章·后记》)。这就是2002年8月在柔石诞辰一百周年之际,由宁波出版社隆重推出的《柔石二十章》。

对于这部"以柔石光辉而短暂的一生为线索,集散文、传记、随笔多种文体于一身,而具文学性、史料性、学术性,装帧新颖,图文并茂"(《文艺报》2002.9.21)的《柔石二十章》,相关报道、评论、研讨会、座谈会等不断见诸报端,可谓不绝如缕,好评如潮。

从众多评论看,《柔石二十章》独特的结构和叙述方式是最为人所注目的。老作家黄源在为该书作的序言中说,"《柔石二十章》是以柔石的生平为线索,用散文随笔的形式,表达了作者对革命前辈的敬仰和怀念。这种手法具有新的创意。这种主题性的随笔,有别于传记文学,分则单独成篇,合则比较完整地记叙了柔石的一生,从中还生发出对当代社会现象的思考,我觉得是很有意义的"。徐季子认为《柔石二十章》是"系列史传散文。既单独成篇又相互联系,文笔流畅,辞采优美,感情真挚,笔墨洗练、准确,堪称秋水文章。作为散文和传记的结合,在一定程度上继承了我国古代史传散文的优良传统"(徐季子《秋水文章,史传笔法——读〈柔石二十章〉》)。龙彼德在《永不忘却的纪念》中认为"突出三个关系,再现两种身份,是杨东标《柔石二十章》的主要特点",三种关系指柔石与鲁迅关系、与"左联"关系和与故乡的关系。两种身份即柔石兼有革命家与作家两种身份。在叙述方面,"文取随笔形式,体现传记风格,是《柔石二十章》的独特写法。其优点是局部的灵活与整体的严谨可以达到一致。就每一章而言,只要确定一个题目,皆可独立成篇,或借事抒情,或夹叙夹议,灵活多样,不拘一格;而将这二十章连起来,则构成了柔石的一生,是一部传记"(龙彼德《永不忘却的纪念》)。而赵柏田则更为明确的认定在"这里我们看到的实际上是一种跨文体写作。在传记和传统的散文之间获得了一种微妙的平衡。有传记之'言之有物',又有散文之灵动自由,作者在这里显示了他把握这种文体游刃有余的笔力"(赵柏田《在传记与散文之间——读杨东标〈柔石二十章〉》)。

上述论断,尽管切入点与表述方式不同,但都指向了《柔石二十章》内在的意义结构,即它是以文化随笔方式,以柔石为中心点,以一种发散式结构,或生平或社会或作品,或历史或现实,纵横捭阖,无拘无束,流畅明快地书写着一个当代作家与一个现代革命作家的心灵对话、一个当代知识分子对一个现代知识分子的精神解读、一个和平年代宁海人对一个战争年代宁海人人生道路的思考。从而形成事实上的对话关系:作者与普通人柔石、作家柔石、英烈柔石的对话。正是这种对话,才使我们能深入地感知柔石的方方面面,读出一个"全人"柔石。

从5万余字的《柔石传》到19万字的《柔石二十章》,这不仅仅是字数的变化。两相比较,我们发现经过20年的积累,杨东标掌握的柔石资料更加丰富,写作与研究的视野更开阔,对柔石的解读也更加深沉。

杨东标对柔石的相关资料可谓烂熟于心,倒背如流。著名作家王旭峰在《在柔软与坚实中歌唱》一文中回忆了杨东标怎样如数家珍一般给她介绍新发现的柔石资料,"我们在一次柔石故居的参观中不期而遇。他向我介绍了大量有关柔石的新发现史料,其中有关于他在杭州求学的,有在家乡教书的,有在上海开始革命生涯的,有关于他和鲁迅间的关系,甚至还有他的婚姻和爱情,他的友谊与浪漫,他的严峻与深沉,他少年时代的彷徨与成熟后的坚定,他作为革命者的英勇与作为文学家的文采。尤其是大量的图片资料,作为史实佐证了柔石那短暂而又丰富的三十年华……"

翻遍《柔石二十章》,我们看不到学术研究著作通常必有的考证、注释、参考文献等,只是作者灵动优美、明快流畅的叙述和数百张珍贵的、许多是首次披露的资料图片。但在作者流畅的叙述中所涉及的每一时间、事件、人物、场所、细节等,无不言必有据,都有相关资料为支撑。显然,要游刃有余地穿梭于文学创作、历史资料和学术研究之间,并融三者为一体,没有丰富而扎实的史料作基础,是绝对不可能的。

在《柔石二十章》中,作者的关注点不仅仅是集中于柔石,而是以柔石为中心,辐射到与柔石相关的方方面面。杨东标用相当的篇幅写柔石故乡的秀山灵水和故乡的鸿儒先贤——那爱打抱不平揭竿起义的莽秀才王锡铜,硬气、迂腐、大忠、大义的方孝孺……;写柔石的家庭——他的父兄的创业、他对妻子吴素瑛的复杂情感与心理甚至柔石死后吴素瑛的艰难;写柔石与师长同事和故旧一如经亨颐、夏丏尊、吴文钦甚至新中国成立后拍摄电影《早春二月》的导演谢铁骊及其遭遇等;写柔石与鲁迅的亦师亦友的深厚友情;写柔石与冯铿在革命斗争与共同的理想追求中迸发出的炽热情爱;写柔石的作品内涵和鲁迅《为了忘却的记念》;等等。因此,在《柔石二十章》中,呈现在我们面前的就不仅仅是单一线条的柔石个人的成长过程,而是一个动荡的令人激情澎湃的时代,一个立体的、复杂的社会空间,一群群围绕在柔石周围的不同时期、不同环境下的各色人等,以及柔石与他们之间或深或浅、或长或短的各种故事。在这样一个宏阔而复杂的背景中,作者给我们充分展示了柔石之所以成为柔石的历史的、现实的、传统的、文化的、家乡的和家庭的种种因素。如果说《柔石传》"纪实性地写出柔石从一个正直的小资产阶级知识分子,经过艰辛的求索,终于成为一个共产主义者的全过程",但限于当时的种种因素致使柔石形象略显单薄的话，那么，在《柔石二十章》中，作者在以更为翔实的史料令人信服地"写出柔石从一个正直的小资产阶级知识分子，经过艰辛的求索，终于成为一个共产主义者的全过程"的同时，毫不掩饰地给我们讲述着柔石作为普通人甚至社会中的小人物的生存的艰辛与执着、处事的迂腐与刚烈、灵与欲之间的挣扎、情与爱的矛盾与苦恼，他怎样地"无论从旧道德，从新道德，只要是损己利人的，他就挑选上，自己背起来"（鲁迅《为了忘却的记念》），等等。这就使柔石这样一个著名的革命烈士跟我们更加亲近，更富有人情味，作为文学形象显得愈加血肉丰满、生动鲜活，而作为革命者，他一步步的成长历程也是那样坚实、可信。

杨东标认为，"一切艺术作品都是情感的表现……情是艺术基石"（杨东标《一线文缘·老话新提情与理》），而"好散文的感染力丝毫不亚于小说，它可以让人激动，让人回肠荡气，让人回味无穷"（杨东标《看企鹅回家·我说散文》）。如果说当年30余岁的杨东标在写作《柔石传》时更多的是充满政治情感和对柔石这位家乡先贤的敬仰与缅怀，或说在某种程度上带有对革命烈士歌颂的痕迹的话，那么如前所述，《柔石二十章》则更多地体现为一个当代作家与一个现代革命作家的心灵对话、一个当代知识分子对一个现代知识分子的精神解读、一个和平时代宁海人对一个战争年代宁海人人生道路的思考。是杨东标在对生与死、哀与乐、爱与恨、恩与怨、聚与散、伟大与渺小、卑劣与崇高——这生命的价值和意义——进行多年探究和深入思索，在过了知天命之年后对柔石三十年华的深度诠释。因此，《柔石二十章》的情感不再像《柔石传》那样激情洋溢，而是更加的内在深沉。尤其当作者把对同样在30岁罹难的爱女的思念投注其中时，这种感情就愈加沉重，甚至有种踏访伤心旧地或抚弄遗世情感而产生的那种怅惘、那种凄美与苍凉——

那时候,柔石对我而言是朦胧的,有如天边一轮带晕的月亮。虽然他是我们宁海人,虽然我已经看过根据他的作品改编的电影和戏剧……虽然,还有一座故居,是我从小读书必得经过的一座老式院子,此外,还有什么呢?好像真的是没有了……

墓地静静的,我也把脚步放得缓缓的,轻轻的。我把一束鲜花端端正正地安放在墓前,深深地鞠了一躬。天空蓝在头顶,草坪绿在墓侧,周围是一片繁红艳紫。星移斗转,换了人间。你们是有知也无知?我的情绪忽然汹涌起来,忽然觉得墓内的英雄,肝肠未冷,壮心犹热,也许会在哪一天长啸醒来,与我们诉说当年的风雨长夜该是如何的惊心动魄?

我的眼前,土坑依旧,积了一些水。荒草萋萋,枯枝丛丛。眼下的天气已经是很暖和了,阳春三月,阳光铺在寂寂的荒场上。一些不知名的小花点缀其间,摇着春光。对着萧瑟的土坑,我肃立着,静默了好久……

站在柔石故居寂静的小院子里,我也感到了生命的撞击。柔石离开人世巳经整整的 70 年了,岁月如流,小楼依旧。他遇难的时候,正好三十岁。三十岁的年华,该是人生最好的季节。然而,生命被扼杀了,犹如一颗流星陨落在茫茫的天宇里,一阵清风飘散在空气里,从此不再。……生命是太无常太脆弱了。人的活着和死去就是这样一步之遥,让世人永远发出深深的叹息。

世事多舛,人事沧桑!杨东标这汹涌的激情与黯然伤怀产生的凄美与苍凉撞击着我们的心灵,那么这份情感能否唤醒泉下的英烈和作者的爱女?!

很显然,《柔石二十章》之所以为人称道,除了它灵动优美的文笔、飘逸洒脱的文思和独特的叙述方式外,这深沉而内在的激情无疑是震撼每位读者的根本力量所在。

20余年的积淀,将近60年的思索,从《柔石传》到《柔石二十章》,毫无疑问是杨东标交给读者、交给故乡宁海、交给柔石也交给他自己的一份近乎完美的答卷。也许是偏于对专业的亲近和对柔石的喜爱,也或因自己其他方面知识的匮乏浅陋,读完杨东标的《杨东标戏剧选》《一线文缘》《走向海洋》和《看企鹅回家》等,从内心的感觉说,还是《柔石二十章》写得最好。有时甚至心存疑虑,《柔石二十章》会否是杨东标文学创作与他柔石研究的顶峰?当然,我更愿意相信这是作者一个新的起点。

我们期待着他更多著作的不断出现!

(2007年第3期《浙江作家》)

后　记

　　当初想写这本集子时,迟疑了好久。一个原因是,我早年已经写过一部中篇传记文学《柔石传》了,我想把这部5万字的传记文学扩充成一本书,然而又觉得在重复自己,且柔石的传记还有人在做,虽然说都可以别开天地,毕竟会雷同很多的东西,想起来,总有点乏味;另一个原因是,我的心情一直不太好,这是因为我经历了一场劫难,三年前,我心爱的大女儿遇难于一场惨不忍睹、不敢回想的车祸。剜心彻骨之痛难以排解,曾一度使我无法面对现实、无法再捉笔为文。

　　一个偶然的机会,我和几位作家去参观宁海的柔石故居。我与同行朋友王旭烽聊起了这个打算。旭烽说:你何不做成随笔呢?这样可以扬长避短,传记之类还是让研究柔石的史学家们去做更好。你可以单独成篇地写,串连起来,也许就是柔石的一生。她的这个创意,让我心动了。忽然间有了一种感觉。

　　站在柔石故居寂静的小院子里,我也感到了生命的撞击。柔石离开人世已经整整的70年了,岁月如流,小楼依旧。他遇难的时候,正好是30岁。30岁的年华,该是人生最好的季节。然而,生命被扼杀了,犹如一颗流星陨落在茫茫的天宇里,一阵清风飘散在空气里，从此不再。我情不自禁地想到了我的女儿。我的女儿罹难时也是30岁，不，还差一二个月，宁海人的习惯，吃了"冬季圆"，便可以加岁了，那时离冬季已经很近了。但是，她没能跨进这道门槛，也没有跨进新世纪的门槛，那个黑色的日子是1999年10月6日。

女儿的不幸当然不能与柔石的壮烈献身同日而语。但是，就生命的本身意义来说，是一样的。生命是太无常太脆弱了。人的活着和死去就是这样一步之遥，让世人永远发出深深的叹息。由此想到，写柔石的意义是多重的，不单为了他的理想，他的事业，同时，也为他的生命。因此，我只能战胜自己，继续从事我的写作，为柔石，为生命，同时也是为我的女儿。

断断续续写来，似乎不如人意。"文章千古事，得失寸心知。"倘若有些充裕的时间，我当把文章尽力改得好一些，但为赶在纪念柔石诞辰100周年活动之前完成，我只有交稿。

感谢黄源老先生为我作序，感谢宁波出版社把我的这本书列入出版项目，同时也感谢所有关心我、支持我的文学朋友们和烈士的家属，谢谢你们了。

杨东标
二〇〇二年四月二十一日于宁波

永远的柔石
——《柔石二十章》再版后记

20年前,柔石正好100岁,如果他还活着的话。如今,20年一晃过去了,他已经120岁了。是的,他是一直活着的,活在人们的心里,活在中国经典的艺术长廊里。他的代表作《二月》《为奴隶的母亲》一直在不断地改编成电视剧、电影、戏剧作品,播映、演出。人们在欣赏这些作品时,眼前就会浮起他的身影。那圆圆的镜片后面,闪动着一双惊疑而纯真的眼睛。这是鲁迅先生最初对他印象的描述,写在那篇《为了忘却的记念》里,也令我们后辈印象殊深。他的作品是永远的,他的生命也是永远的。

20年前,我以散文随笔的方式写了这本长篇传记文学《柔石二十章》,当时的宁波出版社社长李振声先生,非常喜欢这部书,亲自担任责任编辑。颇有才情的艾伟自告奋勇地为该书做了封面设计。省作家协会为此在杭州召开了作品研讨会,然后好像又得了许多奖。《中国作家》《江南》《文学港》刊登了其中好多章节,着实热闹了一阵子。现在,宁波出版社又要再版我的这本书,正逢柔石120周年诞辰之际,我的情绪又涌动起来。当年写这本书的所有艰辛、奔波、操劳以及欢乐又一一涌到我的眼前,让我感到生命的充实和温暖。

  出版社社长袁志坚先生与我说，现在读起这本书来，依然觉得很生动，很好读，一点也没有过时的感觉。"你采用了'出入'于历史与现实之间的随笔体来写人物传记，可以抒发情感，表达思想，出入自如，别具一格。"他的鼓励令我欣慰。我们也是相谈甚欢的朋友，于是便一起，还有责编小苗，去宁海柔石故居，体验当年柔石在这里生活的气息。由于初版的图片已经模糊，宁海文管所的侯所长和赵安炉、沈国峰等摄影家热心地为我们提供了尽可能清晰的图片。正在积极筹备纪念柔石诞辰120周年活动的宁海县文联主席王苍龙专程赶来，我们聚会在储吉旺先生那里，一起商谈再版的有关工作。县委宣传部的领导更是予以全力支持。这一切都是该书再版的动力，我应该致以深深的感谢。

  还要说及一点，《柔石二十章》初版后，省市好多知名作家都为此书写了评论，刊发在各种报刊上。如王旭烽、龙彼德、艾伟、赵柏田、梁旭东等，还有我尊敬的前辈徐季子先生以及大专院校的几位老师如范志强、竺乾民、潘以骥等老师也撰写了评论文章。我现在把这些还虔心保存着的文章重新读了一遍，怦然心动，波澜顿生。做作家爬格子是相当枯燥而辛劳的，但也是幸福的。读着这些文字，我心中温暖如春。我想尊敬的柔石先生如果泉下有知，也会与我们心灵相通的。所以，我决定把他们的文章都收在本书再版的篇尾，以作纪念。另外，我又邀了文友任茹文教授写了一篇文章，20年后的今天，以一种新的视角作出新的解读，颇有意义，也一并收入。在此，我谨向他们表示真挚的谢忱。

杨东标

2022年7月22日于甬上